Ganzheitlich Heilen

Buch

Die Gestik der Hände nahm in allen alten Kulturen eine zentrale Rolle ein. In Ägypten waren heilige Gebärden der Schlüssel zur Verbindung mit den Göttern. Von Ägypten aus kam das Wissen um die spirituelle Kraft der Hände nach Indien, wo die Handbewegungen unter der Sanskrit-Bezeichnung Mudras Teil des Yoga wurden. In der Kunst der Mudras erschließen sich die hilfreichen Kenntnisse der indischen Weisen über die Energieflüsse und -zentren des Körpers. Der Ausführende nimmt teil an der kosmischen Energie und erhält Zugang zum göttlichen Spiel des Kosmos. Sabrina Mesko hat 52 Mudras zur Heilung von Seele, Körper und Geist ausgewählt. Jede Bewegung wird ausführlich beschrieben und durch anmutige Abbildungen veranschaulicht.

Autorin

Sabrina Mesko entstammt einer Künstlerfamilie aus Ljubljana/Slowenien und war ursprünglich Tänzerin. Zur Ausheilung einer Rückenverletzung wandte sie sich dem Yoga zu. Vier Jahre lang studierte sie mit international bekannten Yoga-Meistern. Am Yoga College of India machte sie ihren Abschluss und ist seither als zertifizierte Yoga-Therapeutin in Beverly Hills tätig. Darüber hinaus erwarb sie am American Institute of Holistic Theology einen zertifizierten Abschluss für alte und neue Heilverfahren.

SABRINA MESKO

Heilende Mudras

Das »Yoga der Hände«
für Gesundheit, Lebensenergie
und Erfolg

Aus dem Amerikanischen von
Susanne Kahn-Ackermann

GANZHEITLICH HEILEN
GOLDMANN

Die amerikanische Originalausgabe
erschien 2000 unter dem Titel »Healing Mudras«
bei Ballantine Wellspring, New York.

Umwelthinweis:
Alle bedruckten Materialien dieses Taschenbuches
sind chlorfrei und umweltschonend.

Deutsche Erstausgabe Februar 2001
© 2001 der deutschsprachigen Ausgabe
Wilhelm Goldmann Verlag, München
in der Verlagsgruppe Bertelsmann GmbH
© 2000 Sabrina Mesko
This translation published by arrangement
with The Ballantine Publishing Group,
a division of Random House, Inc.
Umschlaggestaltung: Design Team München
Umschlagfoto: Dorothy Low
Satz: Barbara Rabus, Sonthofen
Druck: Presse-Druck Augsburg
Verlagsnummer: 14201
Redaktion: Daniela Weise
WL · Herstellung: Stefan Hansen
Made in Germany
ISBN 3-442-14201-6
www.goldmann-verlag.de

1. Auflage

*Für die großartigsten Eltern der Welt,
Bibi und Kiar*

Inhalt

Danksagung 11

Einleitung: Geschichte und Kunst der Mudra 15
   Kurzer historischer Abriss 18

Mudrapraxis 25
   Anleitungen zur Praxis 25
   Meditation 27
   Atmung 27
   Konzentration 28
   Augenbewegungen 29
   Visualisation 30
   Affirmationen und Gebet 32
   Mantra 33
   Die Hände 34
   Die Chakras 36
   Elektrische Körperströme 39
   Heilende Farben 39
   Die Aura 42
   Nützliche Mudra-Tipps 42

Teil 1: Seele 45

Mudra zur Anbetung und Verehrung des Göttlichen 46
Mudra für die Glückseligkeit 48
Mudra für die Liebe 50
Mudra für kosmische Energie und Ewigkeit 52
Mudra für Vertrauen 54
Mudra für innere Integrität 56
Mudra zur Erweckung innerer Stärke 58
Mudra für Weisheit 60
Mudra für Sanftheit und Güte 62
Mudra zur inneren Sammlung für die Meditation 64
Mudra für innere Führung 66
Mudra für Hilfe in einer kritischen und belastenden Situation 68
Mudra für machtvolle Einsicht und Erkenntnis 70
Mudra für Zufriedenheit 72
Mudra für Gedeihen und Wohlergehen 74
Mudra für höheres Bewusstsein 76

Teil 2: Körper 79

Mudra gegen das Altern 80
Mudra für starke Nerven 82
Mudra zum Schutz der Gesundheit 84
Mudra zur Verhinderung von Stress 86
Mudra für gesunde Brüste und ein gesundes Herz 88

Mudra zum Erspüren Ihres Energiekörpers 90

Mudra zur Verhinderung des Ausbrennens 92

Mudra für die Heilung nach einer Naturkatastrophe 94

Mudra zur Überwindung von Süchten 96

Mudra zur Heilung eines gebrochenen Herzens 98

Mudra zur Beseitigung von Müdigkeit und Erschöpfung 100

Mudra zum Diäthalten 102

Mudra zum Sich-Aufladen 104

Mudra zur Ausbalancierung der sexuellen Energie 106

Mudra für ein langes Leben 108

Teil 3: Geist 111

Mudra zur Schlafengehenszeit für einen guten Morgen 112

Mudra für die Konfrontation mit der Angst 114

Mudra für das Loslassen von Schuldgefühlen 116

Mudra für mehr Charakterstärke 118

Mudra für die Konzentration 120

Mudra zur Überwindung von Angst und Beklemmung 122

Mudra zur Überwindung von Ärger und Zorn und Verhinderung von Kopfschmerzen 124

Mudra für Geistesschärfe 126

Mudra für Geduld 128

Mudra für Selbstvertrauen und das Gefühl innerer Sicherheit 130

Mudra zur Geistesberuhigung 132

Mudra zur Unterstützung des Elterndaseins 134
Mudra zur Beseitigung von Not und Bedrängnis 136
Mudra für Effizienz 138
Mudra für die Geistesstille 140
Mudra zur Verringerung von Sorgen 142
Mudra zur Beseitigung von Depression 144
Mudra für Selbstvertrauen 146
Mudra für die rechte Rede 148
Mudra zur Auflösung von unterbewussten Blockaden 150
Mudra für Mitgefühl 152

Über die Autorin 155

Danksagung

Dieses Buch hat sich durch göttliche Hände in meinen Händen manifestiert. Nun gehört es mit seinen Energien Ihnen. Ich danke dem göttlichen Universum für die mir gegebene Gelegenheit, anderen helfen zu können.

Mein tief empfundener Dank gilt folgenden wunderbaren Menschen:
Meinen Lehrern, Gurus und Meistern, von denen ich lernte und denen zu begegnen ich das Privileg hatte: Guru Maya, Paramahansa Yogananda, Bhikram, Sri Sri Ravi Shankar und vor allem Yogi Bhajan. Meinen Eltern Kiar und Bibi, die viel opferten und von denen ich Ermunterung und Führung auf meiner Lebensreise erhielt. Ich liebe euch. Meinem Bruder Kristopher und meiner Schwester Iris für ihre Unterstützung. Meiner Agentin Lisa Swayne für ihren Glauben und ihre Anleitung von Anfang an. Meiner Herausgeberin Leslie Meredith für ihre Visionskraft und dafür, dass sie die Schönheit, Kraft und Bedeutung dieser Mudralehren erkannte. Und Jeff Kutash – dem Schutzengel – für seine außergewöhnliche Liebe und Ermutigung jeden Tag in jeder Hinsicht.

Ich danke euch allen aus der Tiefe meines Herzens und meiner Seele.

Liebe, Frieden und Segen.

Die universelle Mudra des Gebets

Einleitung:
Geschichte und Kunst der Mudra

Meine Reise, die mich bis hin zu diesem Buch führte, war eine lange, aber inspirierende Reise, und zweifellos brauchte ich so manche Leben dazu. Ich glaube, dass wir alle uns – noch vor unserer Geburt – eine Mission gewählt haben, die wir in unserem Leben erfüllen wollen. Meine Mission ist dieses Buch.
Zum eigenen Lebensziel zu finden kann eine ziemliche Herausforderung werden. Wir denken vielleicht, wir wissen, warum wir hier sind und was wir mit unserem Dasein anfangen sollen. Doch dann kann uns ein Ereignis oder eine ganze Reihe von Begebenheiten entwurzeln, total herumwirbeln und auf einem völlig neuen Weg absetzen. Und oft entdecken wir dann zu unserem Erstaunen, dass es der Weg ist, nach dem wir die ganze Zeit gesucht haben, wenngleich er nicht der ist, den wir uns für uns vorgestellt hatten.
Ich wuchs im slowenischen Ljubljana in einer enorm talentierten und künstlerisch begabten Familie auf. Mein Vater ist Maler und Bildhauer, meine Mutter Journalistin und Linguistin. Meine Schwester, eine Archäologin, hat den ägyptischen Tanz ausgiebig erforscht, und das Spezialgebiet meines Bruders ist die spirituelle Kunst. In jungen Jahren war ich jeden Tag von Liebe und Sinn für die Schönheit umgeben und sah in meinem gesamten Umfeld, welchen tief greifenden und belebenden Einfluss die Kunst ausübt und wie sehr sie zur Freude und Qualität im Alltagsleben beiträgt. Mich bewegte die Liebe zum Tanz und zur Musik, noch bevor ich richtig laufen konnte. Im Teenageralter wurde ich professionelle Ballerina,

tanzte klassisches Ballett und trat mit Balletttruppen in ganz Europa auf.

Da ich immer ein ungeheures Verlangen verspürte, anderen Menschen zu helfen, unterrichtete ich auch behinderte und blinde Kinder im Tanzen. Diese Erfahrung bestärkte mich in meiner Überzeugung, dass Ermunterung und positives Feedback viel bewirken können, wenn wir uns den Herausforderungen, die uns das Leben präsentiert, stellen. Das Leben in dieser Welt kann sehr hart erscheinen, und deshalb ist es überaus wichtig, dass wir einander und vor allem der jüngeren Generation zeigen, dass wir unsere Träume verwirklichen können, ohne unsere Überzeugungen oder uns selbst zu kompromittieren. Ich bin zutiefst davon überzeugt, dass es auf jedes Problem, vor das wir uns gestellt sehen, eine lohnende und positive Antwort gibt. Unsere tägliche Mission besteht darin, dass wir diesen besseren Weg finden, ihn selbst beschreiten und ihn für die uns nachfolgende Person gangbar machen. Gemeinsam können wir unsere Welt in einen Ort der Harmonie und des Glücks verwandeln.

Um unsere alltägliche Mission und die Mission unseres Lebens so effizient wie möglich verwirklichen und mit den Herausforderungen des Lebens produktiv umgehen zu können, müssen wir erst zu innerem Frieden und zu unserer inneren Stärke finden. Die in diesem Buch vorgestellten Techniken geben Ihnen einen Schlüssel an die Hand, mit dem Sie für sich die Ihnen innewohnenden grenzenlosen Kräfte erschließen können. Sie wurden mit allen inneren Hilfsquellen geboren, die Sie benötigen – Sie müssen sie nur entdecken und entwickeln. Dieses Mudra-Buch ist ein Leitfaden, der Ihnen hilft, sich rasch mit Ihren heiligen Kräften vertraut zu machen und sie freizusetzen, damit Sie jeden Tag von ihnen Gebrauch machen können. Die Mudra ist das Kennwort für den Zugriff auf die

Daten Ihres inneren Computers – Ihrer unsichtbaren Macht und Kraft. Sie brauchen nur jeweils eine Funktion zu aktivieren und entdecken dann eine neue Art der Reprogrammierung von Körper, Geist und Seele, die Ihnen die Verwirklichung Ihres vollen Potenzials ermöglicht. Sie können bei diesem spirituellen Krafttraining in Ihrem eigenen Tempo vorgehen.

Ich begann Yoga zu praktizieren, nachdem eine Rückenverletzung meiner Tanzkarriere mehr oder weniger ein Ende gesetzt hatte. Schließlich wurde mir klar, dass der Tanz nur das Verbindungsglied zu meiner wahren Lebensmission gewesen war, nämlich Yoga zu studieren und zu lehren – im Besonderen einen Yoga, der zur hilfreichen Unterstützung in unserem Alltagsleben eingesetzt werden kann. Mudras sind wunderbar effektiv – und leicht durchzuführen –, aber bis jetzt wurden sie als Lebenshilfetechnik nur wenig gelehrt.

Obwohl ich viele Jahre verschiedene Meditationslehren und -techniken studiert hatte, brauchte ich lange, um ein tief gehendes Verständnis von der Gestensprache der Mudras zu entwickeln. Abgesehen von ein paar grundlegenden Mudras, die bei den üblichen Meditationen angewandt werden, wurde der eigentliche Bestand von über hundert Mudras einfach nicht gelehrt. Einige Jahre lang konnte ich, während ich Yoga und ganzheitliche Medizin studierte, keinerlei Informationen über Mudras finden. Doch ich setzte meine Suche fort und hatte schließlich das Glück, wunderbare Lehrer und Meister zu finden, die mich in der Kunst der Mudra unterwiesen. Wie man sagt, tritt der Lehrer in Erscheinung, wenn der Schüler bereit ist. Das traf mit Sicherheit in meinem Fall zu. Als ich für die nächste Ebene meines Trainings bereit war, entwickelte sich der Lauf der Ereignisse so, dass ich zu meinem nächsten Lehrer geführt wurde. Während ich Meditation, Atemtechniken und Yoga studierte, hatte ich stets das Gefühl, nicht etwas völlig Neues zu lernen, sondern nur an etwas Vertrautes erinnert zu werden. Als ich dann zum ersten Mal Mudratechniken zu praktizieren begann, hatte ich sofort das Empfinden, dass nun meine ganze Lebensreise einen Sinn ergab. Jetzt macht es mir große Freude und gibt mir das Gefühl von Erfüllung, dass ich diese Kenntnisse und Techniken mit Ihnen teile.

Kurzer historischer Abriss

Jede Kultur auf Erden kennt Handgesten; sie können als natürlicher Bestandteil der Zivilisation betrachtet werden: Die alten Ägypter, Römer, Griechen, Perser, die Ureinwohner Australiens, die alten Inder und Chinesen, die Afrikaner, Türken, die Einwohner der Fidschiinseln, die Mayas, Inuit und die indianischen Stämme Amerikas, sie alle bedienten sich der Gestensprache.
Wir benutzen sie auch heute noch. Denken Sie nur an das überall verbreitete Händeschütteln – ein Zeichen für Freundschaft und Frieden. Applaus steht in dieser Sprache für Zustimmung und Enthusiasmus; der nach oben gestreckte Zeigefinger bedeutet Schelte; die erhobene Hand mit nach außen gewandter Handfläche signalisiert Stopp.
Es gibt viele Ansichten über die Entwicklung dieser Gestensprache. Wissenschaftler haben bewiesen, dass auch die Affen über ihre Hände kommunizieren, und glauben fest daran, dass diese Gesten die Grundlage für die Entwicklung der Sprache bildeten. Ein blindes Kind, das noch nie sehen konnte, wird in die Hände klatschen, um damit seiner Erregung und seinem Glücksgefühl Ausdruck zu verleihen. Viele Gesten sind weltweit verbreitet und Jahrtausende

alt. Vor fast fünftausend Jahren führten die ägyptischen Hohepriester und -priesterinnen Gesten im Zusammenhang mit Gebetsritualen aus. Heilige Hand- und Fingerstellungen nahmen bei der Kommunikation mit den Göttern, beim Wirken von Wundern und beim Kontakt mit dem Jenseits eine Schlüsselstellung ein. Die Ägypter verewigten diese heiligen Gesten auf Basreliefs an den Mauern und im Innern der Pyramiden, und sie bildeten die Grundlage ihrer Hieroglyphen. Von Ägypten aus gelangten diese Handbewegungen und das Wissen um ihre spirituelle Kraft und ihren Gebrauch nach Indien und nach Griechenland.

In Indien nannte man sie »Mudras«, ein Sanskritwort, und sie wurden zum unersetzlichen Bestandteil des Yoga, der die Verbindung der praktizierenden Person mit der göttlichen und kosmischen Energie zum Ziel hat. Im Buddhismus und Hinduismus wurden die Mudras substanzielle Grundlage dieser Kommunikation mit dem Göttlichen. Die buddhistischen Priester entwickelten die Einsichten in das Wesen der Mudras noch weiter und setzten sie ein, um Gebetsrituale zu beenden, eine Praxis, die sich bis auf den heutigen Tag lebendig erhalten hat. Im alten Griechenland, wo klar zwischen komischen, tragischen und satirischen Gesten unterschieden wurde, rechnete Plato sie den sittlichen Kräften zu. Von Ägypten und Griechenland nahmen sie ihren Weg nach Rom, wo sie wesentlicher Bestandteil der volkstümlichen Unterhaltung und Kultur wurden.

Kaiser Augustus verfolgte mit großem Entzücken die Darbietungen von speziell in der Gestensprache ausgebildeten pantomimischen Tänzern, und es wurden Wettkämpfe unter den Besten von ihnen ausgetragen, die ganz Rom im Meinungsstreit über die Favoriten in Lager spalteten. Der hervorragendste Künstler wurde oft als »der tanzende Philosoph« betitelt.

Eine Geschichte aus der späteren Zeit des Römischen Reichs erzählt, wie der armenische König Kaiser Nero seine Aufwartung machte. Vor seiner Abreise wurde er gefragt, was er am liebsten mit nach Hause nehmen würde, und er erwiderte: »Den Handtänzer, denn er spricht besser mit den Händen als mein Volk mit Worten.« Im Jahr 190 gab es sechstausend Darsteller, die sich der Kunst der Gestensprache widmeten. Diese erfreute sich bis ins 6. Jahrhundert n. Chr. einer ungebrochenen Popularität.

Heilige Gesten gehörten auch zur religiösen Praxis der Juden. Auf verschiedenen Darstellungen sehen wir Moses Mudras ausführen, Gesten, die Segnung, göttlichen Schutz, Wissen und den Erhalt göttlicher Führung ausdrücken.

Im Christentum nahmen die Mudras eine weniger auffällige Form an. Jesus wird fast immer mit einer stilisierten Handhaltung dargestellt, doch den meisten Menschen wurde deren Bedeutung nicht übermittelt. So ging den Menschen im Westen das Bewusstsein von der heilenden und heiligen Kraft der Mudras verloren, und sie benutzten sie mehr im Sinne eines unterstreichenden Kommunikationsmittels.

Auf italienischen Gemälden der Vorrenaissance und Renaissance ist mit am häufigsten die Geste zu sehen, bei der Daumen und Zeigefinger einen Kreis bilden. Sie bedeutet, dass sich das Ego (Zeigefinger) vor Gott (Daumen) in Liebe und Einssein verbeugt. Im volkstümlichen neapolitanischen Gebrauch nennt man diese Geste den Kuss von Daumen und Finger – das Zeichen der Liebe. Auf säkularen Porträts bedeutet sie die Billigung von Liebe und Ehe. Auch unter manchen Indianerstämmen wurde diese Geste benutzt, um zu zeigen, dass man etwas für gut befand und billigte.

Eine andere auf religiösen Gemälden oft dargestellte Geste ist die nach oben gewandte Handfläche. Sie reicht Jahrhunderte zurück und bedeutet Offenheit und Anfrage. In diesem Buch ist sie Bestandteil der Mudra der Bitte um innere Führung, und sie spielt auch bei der Mudra für die Konfrontation mit der Angst eine Rolle. Wenn Sie das Universum um Schutz und Führung bitten, wird die Handfläche so gehalten, dass etwas in sie hineingelegt werden, Ihnen etwas zukommen kann. Die Indianer übersetzten diese Geste mit »gib mir!«.

Eine Geste, bei der der ausgestreckte Zeigefinger eine Kreisbewegung ausführt, ist praktisch überall bekannt und hat unter anderem in Italien, unter den Indianern und in Japan speziell die Bedeutung von einem ablehnenden »Nein«. Ein erhobener regungsloser Zeigefinger bedeutet im volkstümlichen Gebrauch und auch in der italienischen hohen Kunst der Malerei Hinweis, Gerechtigkeit, Darlegung (daher auch der Name Zeigefinger). Die Geste kann auch für Stille, Aufmerksamkeit, Zahl, Vermittlung und Demonstration stehen.

Die Indianer gehören zu jenen, die für ihre Verständigung mittels Handzeichen, derer sie sich gewöhnlich in Anwesenheit von Fremden bedienten, am berühmtesten sind. Die frühen weißen Siedler glaubten tatsächlich, dass die Indianer sich nur selten über die gesprochene Sprache verständigten, da sie sie zumeist die Gestensprache benutzen sahen. Aber diese waren natürlich nur vorsichtig und benutzten untereinander Gesten, die die Europäer nicht verstanden. Später nahmen die Indianer eine Schlüsselstellung bei der Kommunikation mit hörgeschädigten Kindern ein.

In Mexiko sieht man solche Gesten bei kunstvollen alten Schnitzereien, und ebenso findet man sie auf alten griechischen und homerischen Vasen und bei Inschriften auf Tongefäßen. Die chinesischen Schriftzeichen waren ursprünglich Darstellungen einer Gestensprache. Die indianischen, chinesischen, ägyptischen und afrikanischen Kulturen weisen in ihren Gesten viele Gemeinsamkeiten auf. Ich hoffe, dass die Archäologen, Anthropologen und Linguisten irgendwann die Kenntnisse darüber zusammentragen, wie diese universellen Hand- und Fingerstellungen in so unterschiedlichen Teilen der Welt zur Anwendung kamen. Die Gestensprache ist die Mutter aller Kommunikation und außerordentlich machtvoll. Die Kunst der Mudra ist göttlich inspiriert: Sie ermöglicht uns mit dem Göttlichen zu kommunizieren, höhere Qualitäten zu entwickeln und anzustreben und eine universelle Sprache beizubehalten, die allgemein verstanden wird. Über die Kunst der Mudra sind wir mit dem göttlichen Spiel des Kosmos verbunden.

Es ist nun an der Zeit, dieses Geschenk der Mudrapraxis wieder zu beleben und zu würdigen und diese wirkungsvollen und machtvollen Techniken im Alltagsleben nutzbringend anzuwenden. Mudras können Ihnen helfen, Ihre Träume zu verwirklichen. Ihr Leben liegt in Ihren Händen. Dieses Buch ist die Manifestation meines Traums, zu Diensten zu sein. Sie halten es in Ihren Händen, und ich weiß aus persönlicher Erfahrung, dass Mudras Ihnen helfen können, Ihr Bestes zu erreichen; dass sie Ihren Körper, Ihren Geist und Ihre Seele heilen können; dass sie Ihr Leben zum Besseren wenden können und dass sie Sie auf eine neue Ebene von Selbstgewahrsein und persönlicher Macht und Kraft heben können.

Ich hoffe, Sie werden diese Entdeckung der Welt der Mudras genießen und allmählich Ihre Ihnen angeborene spirituelle Natur und Ihre Gaben ergründen und kennen lernen. Die Mudras werden Ihnen helfen, Ihre Seele und diese Welt zu heilen. Ich werde ewig dafür dankbar sein, dass mir die Gelegenheit gegeben wurde, das Instrument der Übermittlung dieser heiligen Lehren an Sie zu sein.

Eins im Geist, in der Liebe und im Frieden *Sabrina*

Mudra für die Geistesstille

Mudrapraxis

Anleitungen zur Praxis

Wo praktiziere ich? Suchen Sie sich einen stillen, friedlichen Ort, wo niemand Sie stören kann. Sollte der nicht immer zu finden sein, können Sie die meisten Mudras, zumindest jene, die unauffällig sind, beinahe überall praktizieren.

Wie praktiziere ich? Beim Praktizieren sitzen Sie am besten in einer bequemen Haltung. Sie können auf einem Kissen oder auf einer Decke im Schneider- oder Lotossitz oder auf einem Stuhl sitzen. Vergewissern Sie sich, dass beide Füße gleich stark belastet sind. Es ist überaus wichtig, dass Sie Ihren Rücken gerade halten. Behalten Sie eine bequeme Sitzhaltung bei, die Ihnen *keine* Schmerzen verursacht.

Wann sollte ich praktizieren? Sie können eine Mudra praktisch zu jeder Zeit praktizieren, immer dann, wenn Sie das Gefühl haben, dass Sie sich mit der Energie, die sie Ihnen gibt, in Verbindung bringen müssen. Sollten Sie eine Mudra für die innere Erkenntnis oder zur Vertiefung Ihrer Meditation praktizieren, fällt Ihnen das Konzentrieren am Morgen gleich nach dem Aufwachen oder am Abend vor dem Schlafengehen am leichtesten. Sie sollten nie eine Mudra mit vollem Magen praktizieren, weil dann die Energien von Körper und Geist auf Ihren Unterleib gerichtet sind. Auch ist Ihre

Energie insgesamt träge und sollte sich ungestört auf die Umwandlung von Nahrung in körperliche Energie richten können. Warten Sie nach einer Mahlzeit eine Stunde, bevor Sie praktizieren.

Wie oft kann ich praktizieren? Sie können so viele Mudras am Tag praktizieren, wie Sie wollen. Sie werden aber zumindest einmal am Tag drei Minuten auf eine Mudra verwenden wollen, um sich mit ihr vertraut zu machen, sich mit ihr wohl zu fühlen und den vollen Nutzen aus ihr zu ziehen.
Wollen Sie deren Vorteile und wohltuende Auswirkungen schneller erfahren, dann empfehle ich Ihnen, die Mudra zwei Mal am Tag jeweils wenigstens drei Minuten lang zu praktizieren. Wählen Sie eine Mudra aus, die sich auf ein Problem, das Sie haben, oder auf eine Eigenschaft, die Sie entwickeln möchten, bezieht, und praktizieren Sie sie dann jeden Tag.

Wie lange sollte ich eine Mudra praktizieren? Am Anfang sollten Sie eine Mudra mindestens drei Minuten am Tag praktizieren. Wenn Sie dann die Stärke und Fähigkeit entwickelt haben, die Konzentration auf die Mudra zu halten und ihre Energie heraufzubeschwören, können Sie Ihre Praxis auf elf Minuten ausdehnen. Am Ende werden Sie vielleicht zu einer Praxis von einmal einunddreißig Minuten am Tag kommen wollen.
Die meisten Mudras werden sofortige Wirkungen zeigen, und zwar in Form von mehr Energie, Klarheit, innerem Frieden oder von Einsichten und Erkenntnissen. Schwierigere oder eingewurzeltere Probleme werden hier mehr Disziplin und Ausdauer erfordern. Es wird ein paar Wochen dauern, bis das Praktizieren der Mudra ihre volle Wirkung zeigt und Sie eine tief gehende Transformation wahrnehmen, die Ihnen das Problem auszuräumen oder zu lösen hilft.

Meditation

Wenn Sie noch nie zuvor meditiert haben, beginnen Sie am einfachsten damit, dass Sie sich einen ruhigen Ort suchen und bequem hinsetzen. Richten Sie Ihre Aufmerksamkeit auf Ihren Atem: Atmen Sie langsam durch die Nase aus und ein und konzentrieren Sie sich auf die Beobachtung, wie die Atemluft in den Körper ein- und wieder ausströmt. Lassen Sie es zu, dass Ihr Geist sich durch Ihr auf den Atem gerichtetes Gewahrsein beruhigt und still wird und Ihr Körper sich entspannt. Damit haben Sie im Ansatz das Wesentliche am Meditationszustand erfahren.

Durch die Meditation wird Ihre Körpertemperatur gesenkt. Daher sollten Sie, wenn Sie länger als elf Minuten zu meditieren gedenken, Rücken und Schultern mit einem Schal bedecken, bevor Sie sich zum Meditieren niederlassen.

Mit Hilfe der Mudras und der richtigen Atemtechnik können Sie zu tieferen Meditationsebenen gelangen. Sie werden die Erfahrung von Frieden, Entspannung, Verjüngung und höheren Bewusstseinsebenen machen.

Ihre Intuitionsgabe, Ihre Geduld und Ihre Weisheit sowie auch Ihre persönliche Anziehungskraft und energetische Schwingungsebene werden eine beträchtliche Steigerung erfahren.

Atmung

Das richtige Atmen spielt beim Praktizieren einer Mudra eine wichtige Rolle. Im Grunde gibt es zwei Arten der Atmung:
Beim *langen tiefen Atmen* nehmen Sie sich Zeit, um langsam und vollständig durch die Nase ein- und auszuatmen.

Entspannen Sie beim Einatmen den Unterleib und dehnen Sie den Brustkorb aus.
Lassen Sie beim Ausatmen die Luft aus Ihrem Brustkorb entweichen und ziehen Sie dabei zur Unterstützung dieses Vorgangs den Bauch ein. Diese Atemtechnik wird Ihnen helfen, sich zu entspannen, ruhig zu werden und geduldiger zu sein.
Beim *kurzen Atem des Feuers* atmen Sie in einem sehr viel schnelleren Tempo durch die Nase ein und aus. Konzentrieren Sie sich dabei auf Ihre Nabelregion, dehnen Sie sie beim Einatmen aus und ziehen Sie sie beim Ausatmen zusammen. Sie atmen gleich lang ein und aus, wobei das Atmen überaus rasch vonstatten gehen kann: zwei oder drei Atemzüge in der Sekunde.
Diese Technik hat eine eher belebende und stärkende Wirkung.
Beide Techniken wirken sich sehr reinigend und heilsam aus.
Bei Ihrer Mudrapraxis setzen Sie am besten, sofern nichts anderes vermerkt ist, das lange tiefe Atmen ein.

Konzentration

Es ist wichtig, dass Sie sich während des Praktizierens einer Mudra auf das Energiezentrum Ihres Dritten Auges, das sich in der Mitte zwischen den Augenbrauen befindet, konzentrieren. Das Dritte Auge ist der Körper-Geist-Punkt, der sich am leichtesten mit den höheren Energiequellen in Ihnen und um Sie herum verbindet.
Wenn Ihr Geist während der Meditation und des Praktizierens einer Mudra abschweift, lenken Sie Ihre Aufmerksamkeit sacht wieder auf den Atem und die Mudra zurück. Atmen Sie ein und aus. Sie werden eine sehr kraftvolle Auswirkung, eine Steigerung der Energie im ganzen Körper erleben. Die Mudrapraxis wirkt sich auf jede

Person und jedes Mal anders aus. Manchmal spüren Sie vielleicht ein leichtes Kitzeln in den Händen und Armen; ein andermal nehmen Sie vielleicht einen plötzlichen Energiestrom im Rückgrat wahr. Erlauben Sie sich, alles, was auftaucht, zu fühlen und zur Kenntnis zu nehmen. Wenn Sie sich auf diese verschiedenen Empfindungen und Gefühle konzentrieren und sie zulassen, wird das die heilsamen Auswirkungen auf Körper, Geist und Seele in hohem Maße verstärken.

Augenbewegungen

Die Augen spielen bei der Mudrapraxis eine wichtige Rolle. Ihre Konzentration kann durch die Art und Weise, wie Sie sie einsetzen, gesteigert werden.

Sie können die Augen halb offen halten und den Blick sacht über Ihre Nasenspitze hinweg nach unten richten. Schielen Sie nicht. Richten Sie den Blick einfach nach unten und ganz leicht nach innen, sodass Sie Ihre Nasenspitze wahrnehmen. Das ist eine Übung, die Ihrem Sehvermögen sehr wohl tut.

Eine andere Möglichkeit ist, dass Sie die Augenlider schließen und die Augen leicht nach oben in Richtung des Dritten Auges wenden. Wenn Sie beim Meditieren die Augen ganz offen halten müssen, richten Sie den Blick auf einen Punkt in mittlerer Entfernung und entspannen Sie die Augenlider.

Ganz wichtig ist, dass Sie den Blick immer *sacht* fokussieren. Zwingen Sie Ihre Augen nie in eine schmerzhafte oder unbequeme Position.

Visualisation

Wir alle kennen das Tagträumen. Tatsächlich ist dies eine Form der Visualisation. Sie können vor Ihrem geistigen Auge ein Bild, einen Traum oder eine Welt entstehen lassen, in dem oder der Sie gerne leben würden. Ein Visualisieren dessen, wo Sie gerne sein wollen und wie Sie gerne leben möchten, und das Manifestieren Ihrer Energie sind der erste Schritt zur Verwirklichung Ihres Traums. Die Mudrapraxis kann Ihnen bei der Realisierung Ihrer Träume helfen. Die Macht Ihres Geistes ist grenzenlos. Leben Sie sie, atmen Sie sie ein, und Sie werden sie Wirklichkeit werden lassen.

Ein Beispiel: Visualisieren Sie beim Praktizieren der Mudra gegen das Altern, wie Ihr Gesicht von einem gesunden, jugendlichen Glanz umgeben ist. Sehen Sie Ihr Gesicht und Ihre ganze Person lebensprühend und energiegeladen vor sich. Wenn Sie Ihrer täglichen Mudrapraxis und Visualisation die Kraft Ihres Geistes hinzufügen, werden Sie Ihre Einstellung, Ihre Energie und Ihr ganzes Leben verändern und verbessern.

Ein anderes Beispiel: Sehen Sie, wenn Sie die Mudra für machtvolle Einsicht und Erkenntnis praktizieren, sich selbst vor sich, wie Sie bereits eine glückliche Lösung für ein Problem, mit dem Sie sich herumschlagen, gefunden haben. Visualisieren Sie, wie Sie sich fühlen würden, wenn Sie diese Sorge los wären. Aus dieser Visualisation wird eine positive Herangehensweise entstehen, die dann zu positiven Resultaten führt.

Mudra des Lebensrads – Yin und Yang
Das Energiezentrum Ihres Dritten Auges befindet sich in der Mitte zwischen Ihren Augenbrauen. Wenn Sie Ihre ganze Aufmerksamkeit auf dieses Energiezentrum der Intuition richten, können Sie Visualisation praktizieren und innere Führung und Visionen erhalten. Es ist Ihr Fenster, das Ihnen grenzenlose Möglichkeiten eröffnet.

Affirmationen und Gebet

Wenn Sie meditieren, stellt sich Ihr Geist feinstimmig auf die Bedürfnisse Ihres Körpers ein, und Sie gewinnen an Heilfähigkeit. Es ist wichtig, dass Sie sich vor dem Meditieren mit einer positiven Affirmation selbst bestätigen und bejahen. Wie beim Gebet können Sie auf diese Weise auch einer anderen Person positive Energie zukommen lassen.

Beispiel: Wenn Sie die Mudra für das Diäthalten praktizieren, bietet sich folgende Affirmation an: »Ich esse nur gesunde Nahrung. Ich bin gesund, fit und satt. Ich bleibe bei meiner Diät.« Diese einfache Affirmation wird sich positiv auf Sie auswirken. Beim Meditieren oder Beten für eine andere Person ist es hilfreich, wenn Sie diese von weißem oder violettem Licht umgeben sehen und dabei die Affirmation sprechen: »Meine Freundin/mein Freund ist gesund, glücklich, voller Leben und lächelt.«

Ihre Affirmation sollte immer in der Gegenwartsform formuliert werden. »Ich bin ruhig«, nicht: »Ich werde oder will ruhig sein.« Oder: »Ich sehe die Lösung in meiner Meditation.« Diese positive Aussage erzeugt machtvolle Energieschwingungen. Ihre Energie wird ins Universum ausgeschickt und manifestiert Ihre Wünsche und Absichten, was Sie befähigt, Ihre Ziele auf erfolgreiche, ehrenwerte und mitfühlende Weise zu erreichen. Während der Mudrapraxis sind Gebet und Affirmationen besonders machtvoll, wenn Ihr Geist ruhig und gelassen und Ihre Konzentration erhöht ist.

Mantra

Sollten Sie Ihre Mudra- und Meditationspraxis gerne mit einer Affirmation verbinden, dann wollen Sie es vielleicht auch einmal mit einem Mantra versuchen. Mantras sind uralte, heilsame Sanskritworte, die sich sehr machtvoll auf Ihr ganzes Sein auswirken, wenn Sie während der Meditation oder Mudrapraxis immer wieder rezitiert werden. Ihr Gaumen weist 58 Energiepunkte auf, die mit Ihrem gesamten Körper in Verbindung stehen. Die Stimulierung dieser Punkte durch Tonschwingungen beeinflusst Ihre mentale und physische Energie. Bestimmte, diese Punkte stimulierende Töne besitzen überaus heilsame Eigenschaften. Wenn Sie diese uralten Mantras oder, wissenschaftlich ausgedrückt, Kombinationen aus Heilklängen laut oder leise vor sich hinflüsternd wiederholen, werden die Ihren Gaumen durchziehenden Meridiane in einer bestimmten Ordnung aktiviert, die dann Ihr gesamtes Energiesystem neu ausrichtet.

In diesem Buch gibt es drei grundlegende Mantras, die Sie in verschiedenen Kombinationen immer wieder finden werden:

EK ONG KAR
(Ein Schöpfer, Gott ist eins)

SA TA NA MA
(Unendlichkeit, Geburt, Tod, Wiedergeburt)

HARA HARE HARI WAHE GURU
(Gott ist der Schöpfer höchster Macht und Weisheit)

Nicht jedes Praktizieren einer Mudra erfordert ein Mantra. Alle Mudras können still im Einklang mit Ihrem Atemrhythmus praktiziert werden. Die Mantras können Sie einsetzen, wenn Sie Mühe haben, Ihren Geist zur Ruhe zu bringen, weil die Konzentration auf Worte beim Zentrieren hilft. Folgen Sie bei der Mudrapraxis Ihrer Intuition, und wenn Sie sich zum Rezitieren von Mantras hingezogen fühlen, probieren Sie es damit, sobald Sie das Gefühl haben, dass es nun für Sie stimmt. Sie werden tiefen Frieden, große Freude und Leidenschaft empfinden. Ihre Seele wird gemeinsam mit dem Universum singen.
Wenn Sie ein Mantra wie »Hara Hare Hari« rezitieren, dann bewegen Sie nicht die Lippen, sondern artikulieren es nur über die Bewegungen der Zunge.

Die Hände

Beide Hände und alle zehn Finger haben jeweils ihre eigenen, speziellen Bedeutungen, und alle korrespondieren jeweils mit der Energie eines bestimmten Körperteils sowie mit den Energien unseres Sonnensystems. Die rechte Hand wird von der Sonne beeinflusst und repräsentiert die männliche Seite in uns. Die linke Hand wird vom Mond beherrscht und steht für den weiblichen Aspekt in uns.
Die rechte Hand ist die Empfängerin positiver Kräfte, die linke Hand ist die positive Kräfte Gebende. Diese Bedeutungen spiegeln sich auch in den Hand- und Fingerstellungen der Mudras wider. Jeder Finger ist mit einer speziellen Fähigkeit, Neigung oder Eigenschaft und deren Auswirkungen auf Ihr Leben assoziiert.
Der *Daumen* symbolisiert Gott. Wenn sich die anderen Finger mit

Ihrem Daumen verbinden, verbeugen Sie sich symbolisch vor Gott. Der Daumen wird zudem dem Planeten Mars zugeordnet und steht für Willenskraft, Logik, Liebe und Ego. Der Winkel, den er mit dem Rest der Hand bildet, wenn diese entspannt ist, deutet auf die Wesensnatur einer Person hin. Ein Winkel zwischen Daumen und Zeigefinger von etwa 90 Grad lässt vermuten, dass Sie großzügig, gutherzig und freigebig sind. Ein Winkel von etwa 60 Grad deutet auf einen logisch, rational denkenden Charakter. Ein Winkel von 30 Grad weist auf eine verschlossene, sensible und vorsichtige Person hin. Ein langer, kräftiger Daumen zeigt eine starke Persönlichkeit, Willenskraft und die Fähigkeit, sein Schicksal zu ändern, an.

Der *Zeigefinger* untersteht dem Einfluss des Planeten Jupiter und repräsentiert Ihr Wissen, Ihre Weisheit, Ihr Machtgespür und Ihr Selbstvertrauen.

Der *Mittelfinger* verweist auf den Planeten Saturn und steht mit Geduld und emotionaler Kontrolle in Zusammenhang. Von daher hat er eine ausgleichende Wirkung auf Ihr Leben.

Der *Ringfinger* steht mit der Sonne in Verbindung und symbolisiert Vitalität, Lebensenergie und Ihre Gesundheit. Er korrespondiert mit Ihrem Familiensinn und den Herzensangelegenheiten.

Der *kleine Finger* ist mit dem Planeten Merkur verbunden, dem Herrscher über Ihre Kommunikationsfähigkeit, Ihrem kreativen Vermögen, Ihrem Sinn für Schönheit und Ihrer Fähigkeit, zu innerer Ruhe und Gelassenheit zu finden.

Die Fingerspitzen können Eigenschaften anderer Art offenbaren. Ovale Fingerspitzen lassen auf eine impulsive Person schließen, die der Motivierung bedarf. Spitz zulaufende Fingerspitzen finden sich häufig bei unabhängigen, aktiven Personen, und eher quadratische Fingerspitzen weisen auf eine logisch denkende und praktische Person hin.

Die Chakras

Wir haben in unserem Körper sieben größere Nerven- und Energiezentren, die längs des Rückgrats angeordnet sind. Das erste befindet sich an der Basis des Rückgrats, das siebte am Scheitelpunkt des Kopfes. Diese Energiezentren werden *Chakras* genannt.
Ihre Energie dreht sich immer im Uhrzeigersinn und beeinflusst – und wird beeinflusst durch – unsere Gesundheit auf emotionaler, spiritueller und körperlicher Ebene.
Es ist wichtig, dass wir über diese Energiezentren und ihre Funktionen Bescheid wissen, um uns ausgeglichen und in Einklang mit uns selbst und unserer Umgebung fühlen zu können.

Erstes Chakra
Steht für: Überleben, Nahrung, Obdach, Mut, Fundament
Ort: Basis des Rückgrats
Drüse: Geschlechtsdrüsen
Farbe: Rot

Zweites Chakra
Steht für: Sex, Kreativität, Fortpflanzung, Familie, Inspiration
Ort: Sexualorgane
Drüse: Nebennierendrüse
Farbe: Orange

Drittes Chakra
Steht für: Ego, emotionales Zentrum, Intellekt, Geist
Ort: Solarplexus
Drüse: Bauchspeicheldrüse
Farbe: Gelb

Die Chakras
Erstes Chakra: Fundament
Zweites Chakra: Sexualität
Drittes Chakra: Ego
Viertes Chakra: Liebe
Fünftes Chakra: Wahrheit
Sechstes Chakra: Intuition
Siebtes Chakra: Göttliche Weisheit

Viertes Chakra
Steht für: Bedingungslose wahre Liebe, Hingabe, Glaube, Mitgefühl
Ort: Herzregion
Drüse: Thymusdrüse
Farbe: Grün

Fünftes Chakra
Steht für: Stimme, Wahrheit, Kommunikation, höheres Wissen
Ort: Kehle
Drüse: Schilddrüse
Farbe: Blau

Sechstes Chakra
Steht für: Drittes Auge, Vision, Intuition
Ort: Drittes Auge
Drüse: Zirbeldrüse
Farbe: Indigo

Siebtes Chakra
Steht für: Kosmisches Gottesbewusstsein, Himmel, Einheit, Demut
Ort: Scheitel
Drüse: Hirnanhangdrüse (Hypophyse)
Farbe: Violett

Mudras sind ein machtvolles Instrument für die Energetisierung und Ausbalancierung der einzelnen Chakras, die Aktivierung unserer elektrischen Körperströme und die Freisetzung grenzenloser Kräfte aus dem Innern.
Beispiel: Wenn Sie die Mudra der Anbetung und Verehrung des Göttlichen praktizieren, können Sie visualisieren, wie heilende

Chakrafarben Ihren Körper einhüllen, ihn durchströmen und mit Energie aufladen, wobei Sie unten beim ersten Chakra anfangen und dann bis zum siebten Chakra, dem Scheitelchakra, hochgehen.

Elektrische Körperströme

Neben den Chakras gibt es in unserem Körper 72000 elektrische Energieströme oder Kanäle, *Nadis* genannt. Sie gehen von allen möglichen Körperpunkten aus und durchziehen den Körper von den Zehenspitzen bis zum Scheitel. Auch die Nadis beeinflussen unser ganzes Körpersystem. Daher ist es für unser Wohlbefinden ganz wesentlich, dass wir diese Energieströme aktiviert, energiegeladen und kraftvoll am Fließen halten. Jede Mudra richtet die durch diese Kanäle fließende Energie neu aus, aktiviert und stärkt sie und stimuliert die Gehirnzentren, die Nervenbahnen und Organe, wovon dann unser gesamtes Körpersystem auf allen Ebenen profitiert.

Heilende Farben

Ihre Mudrapraxis kann auch durch das Einsetzen der Heilkraft der Farben unterstützt und gefördert werden. Die Regenbogenfarben der Chakras heilen die ihnen jeweils zugehörenden Körperteile und laden sie wieder mit Energie auf. Sie können sich beim Meditieren mit geeigneten Farben umgeben oder beim Praktizieren der Mudras die Farben visualisieren.
Wenn Sie zum Beispiel die Mudra für machtvolle Einsicht und Erkenntnis praktizieren, können Sie sich selbst von weißem oder vio-

lettem Licht umgeben visualisieren. Das wird Ihre intuitiven Fähigkeiten steigern. Auch das Tragen einer bestimmten Farbe beeinflusst Ihre ganze Einstellung zum Leben.

Beispiele:

Rot wirkt sich positiv auf Ihre Vitalität aus, verankert und verbindet Sie mit der Erde.

Orange wirkt sich auf Ihre Sexualität, Kreativität und Ihre Beziehungen stärkend und befähigend aus.

Gelb lässt Sie sich voller Energie und feuriger Kraft fühlen.

Grün hilft Ihnen, Ihr Herz zu heilen und Liebe zu fühlen.

Blau wirkt sich beruhigend und befriedend auf Ihre Aura oder das Ihren Körper umgebende Energiefeld aus und wird Ihnen helfen, die Wahrheit zu sehen und zu sprechen.

Indigo schärft Ihre Intuitionsgabe und Ihren sechsten Sinn.

Violett ist eine großartig zentrierende und beruhigende Farbe, die Ihnen helfen wird, sich mit den kosmischen Heilkräften zu verbinden.

Schwarz wird Ihnen behilflich sein, sich als Führungsperson verständlich zu machen.

Weiß lässt Sie sich gereinigt und geläutert fühlen und hilft Ihnen, sich von irgendwelchen negativen Gefühlen oder Depressionen zu befreien.

Denken Sie über die Botschaften nach, die Ihnen Ihr Körper jeden Morgen schickt, und schauen Sie bei der Wahl Ihrer Kleidung, welche Farbe Sie jeweils am meisten anzieht und Ihnen ein behagliches Gefühl vermittelt.

Mudra des Yin – der weiblichen Kraft

Die Aura

Unsere Aura oder unser Energiekörper besteht aus elektromagnetischen Schwingungen, die Farbe, Licht, Wärme und Emotionen mit einschließen. Gewöhnlich unsichtbar, umgibt sie uns wie eine leuchtende Hülle. Sie können aber mit einiger Übung und Konzentration lernen, Auras zu sehen. Die Mudra für das Erspüren Ihres Energiekörpers ist hier eine besonders wirkungsvolle Hilfe. Wenn unsere unsichtbare magnetische Kraft besonders stark pulsiert, bedeutet das gute Gesundheit, persönliche Stärke und Macht und eine Fähigkeit zum Heilen.

Nützliche Mudra-Tipps

Manche Mudras mögen auf den ersten Blick einander sehr ähnlich erscheinen, doch in der Praxis ist jede ganz anders: Jedes Detail bei der Haltung Ihrer Hände und Finger ist wichtig und bedeutsam. Sie werden den Unterschied merken, wenn Sie beim Praktizieren darauf achten. Jede Fingerspitze ist mit einem anderen Energiezentrum und Energiestrom im Körper verbunden. Konzentrieren Sie sich auf die Mudra, die Sie gerade praktizieren, und nehmen Sie die jeweils unterschiedlichen Empfindungen, Gefühle und Auswirkungen wahr, die mit den einzelnen Mudras einhergehen. Sie können immer jeweils nur eine Mudra praktizieren oder im Verlauf einer Sitzung mehrere Mudras miteinander kombinieren. Hören Sie auf Ihren Körper.
Beispiel: Wenn Sie gestresst sind und sich konzentrieren müssen, dann praktizieren Sie die Mudra zur Verhinderung von Stress. Gehen Sie dann nach drei Minuten zur Mudra für die Konzentration

über. Beim Ausprobieren von verschiedenen Kombinationen werden Sie von Ihrer Körper-Geist-Logik und Intuition geführt werden. Das ist das Schöne an den Mudras – Sie können sie überall, jederzeit und in jeder gewünschten Reihenfolge praktizieren. Diese uralte Mudrawissenschaft ist zwar komplex in ihren Vorteilen und ihrem Nutzen, aber einfach in der Praxis.

Nachdem Sie nun ein paar Hintergrundinformationen über die Geschichte und Kräfte der Mudras und ein paar rudimentäre Kenntnisse in Bezug auf die Meditationspraxis haben, können Sie jetzt anfangen, ein paar Mudras auszuprobieren und ihre Energie auf Ihr Leben anzuwenden. In den folgenden Abschnitten finden Sie Mudras für Ihre Seele, Mudras zur Heilung auf körperlicher Ebene und Mudras für die Ausgeglichenheit auf geistiger Ebene. Jede einzelne dieser 52 traditionellen Mudras kann ein spirituelles Instrument für Sie sein und Ihnen bei Ihrem Prozess der Selbstentdeckung und Selbstfindung und beim kreativen Lösen von Problemen helfen. Ich hoffe, dass sie Sie befähigen werden, auf Ihrer Lebensreise zu mehr Erkenntnissen, Freude, Vergnügen, Kraft und Macht zu gelangen.

Teil 1:
Seele

*Ihre Seele ist unsterblich...
Verehren Sie sie.*

In diesem Kapitel sind 16 Mudras versammelt, die Ihnen helfen werden, auf die Energie der göttlichen Liebe, Macht und Weisheit, durch die alle Lebewesen genährt und erhalten werden, zu vertrauen und sich mit ihr zu verbinden. Wenn Sie Führung, Liebe und innere Stärke brauchen, können Sie Ihre Seele mit Hilfe der Mudrapraxis nähren. Wenn Sie dann Ihren eigenen Bedürfnissen genügt haben, können Sie Ihre Energie weiterhin kontinuierlich aufbauen, sodass Sie mit dem Universum verbunden und befähigt sind, anderen in Not zu helfen.

Sie können eine Mudra oder mehrere Mudras am Tag praktizieren. Das wird dazu beitragen, dass Sie von innerem Frieden, Freude und vom Wissen erfüllt sind, dass Sie von Ihrem Schöpfer zutiefst geliebt und beschützt werden.

Nehmen Sie sich nach dem Praktizieren ein paar Augenblicke in tiefem, stillem Frieden Zeit, um den Auswirkungen nachzuspüren. Wenn Sie Ihren Teil dazu beitragen, sich für das Göttliche offen zu halten, wird alles andere für Sie getan werden.

> **Mudra zur Anbetung und Verehrung des Göttlichen**

Das wesentliche Ziel des Yoga besteht darin, dass wir zentriert, still und eins mit dem Göttlichen, mit Gott oder der kosmischen Intelligenz werden. Vorbedingung für diesen inneren Frieden ist, dass wir der höheren Macht Respekt und Achtung entgegenbringen, uns auf sie verlassen und im Einklang mit dem Universum stehen. Wenn wir uns vergegenwärtigen, dass wir alle gleich geschaffen und alle mit der höchsten Quelle spiritueller Energie verbunden sind, fühlen wir uns ermächtigt und in harmonischem Einklang.

Die Mudra zur Anbetung und Verehrung des Göttlichen ist das weltweit von Heiligen und Weisen vieler Kulturen und spiritueller Traditionen gebrauchte universelle Symbol für Gebet. Manchmal wird sie zur Bezeugung unserer Demut vor der göttlichen Macht mit einer Verbeugung eingeleitet. Das Zusammenbringen der beiden Handflächen und aller Fingerspitzen symbolisiert die Einheit und das Einssein mit dem Göttlichen und steigert die uns innewohnende Heilenergie.

Chakras:	alle Chakras
Farben:	alle Farben
Mantra:	EK ONG KAR (Ein Schöpfer, Gott ist eins) *Wiederholen Sie es im Geiste mit jedem Atemzug.*

Sitzen Sie in bequemer Haltung. Führen Sie die Handflächen vor Ihrer Brust zusammen. Konzentrieren Sie sich auf Ihr Drittes Auge. *Atmung:* lang und tief. Entspannen Sie den Geist und praktizieren Sie die Mudra mindestens drei Minuten lang.

Mudra für die Glückseligkeit

Glückseligkeit ist ein aus dem Innern herrührender Geisteszustand, so wie auch wahre Schönheit unserem inneren spirituellen Sein entströmt. Sie können sich dazu entscheiden, jeden Tag mit seinen Begebenheiten freudig gestimmt und mit einer positiven Einstellung zu begrüßen und dankbar zu würdigen, was Sie haben. Wenn Sie diese Mudra regelmäßig praktizieren, können Sie glücklich sein, glücklich aussehen und für andere ein positives Vorbild sein. Lassen Sie es sich angelegen sein, heute, morgen und den Rest Ihres Lebens glücklich zu sein.

Die Kraft dieser Mudra hat eine starke Auswirkung auf Ihre geistige Verfassung und hilft Ihnen, froh und glücklich zu sein.

Chakra: Herz (4)
Farbe: Grün

Sitzen Sie mit gerade aufgerichtetem Rückgrat in bequemer Haltung. Krümmen Sie die Ringfinger und kleinen Finger nach innen und drücken Sie sie mit den Daumen fest und sanft zugleich an die Handflächen. Halten Sie die Zeige- und Mittelfinger nach oben gestreckt. Achten Sie darauf, dass Sie Ihren Rücken weiterhin gerade halten, und heben Sie die Ellbogen seitwärts weg vom Körper an.
Atmung: kontrolliert, lang und tief. Konzentrieren Sie sich dabei auf das Dritte Auge.

| **Mudra für die Liebe** | Ob es nun die Liebe zu einem Kind, zu den Eltern, zu einem Freund/einer Freundin, einem/einer Geliebten oder irgendeinem anderen Lebewesen ist, die Liebe transformiert uns. Sie |

macht das Leben lebenswert. Unsere Liebe mit der Welt zu teilen und andere über die Liebe zu belehren, das ist die spirituelle Mission, die dem Leben einer jeden Person zugrunde liegt. Lieben Sie sich selbst, die Menschheit und Gott, und Sie werden jedes Ziel erreichen.

> *Diese Mudra aktiviert die das Liebesgefühl stimulierenden Energieströme.*

Chakra:	Herz (4)
Farbe:	Grün
Mantra:	SAT NAM WAHE GURU (Gott ist Wahrheit, sein ist die höchste Macht und Weisheit) *Zählen Sie beim Einatmen bis acht, atmen Sie auf eins aus. Wiederholen Sie das Mantra im Geiste zwei Mal beim Einatmen.*

Sitzen Sie mit gerade aufgerichtetem Rückgrat. Krümmen Sie die Mittel- und Ringfinger nach innen zur Handfläche, strecken Sie die Daumen und anderen Finger aus. Heben Sie die Ellbogen an, konzentrieren Sie sich und praktizieren Sie diese Mudra ein paar Minuten. Fühlen Sie sich dabei von Licht und Liebe umgeben.
Atmung: Zählen Sie beim Einatmen bis acht, atmen Sie in einem einzigen kraftvollen Zug aus.

Mudra für kosmische Energie und Ewigkeit

Wir nutzen täglich nur einen kleinen Teil unseres geistigen Bewusstseinsvermögens. Das Praktizieren dieser Mudra stimuliert das ganze Gehirn und ermöglicht Ihnen damit eine Erweiterung seiner Kapazität. Indem wir den Energiefluss durch Körper und Geist am Laufen halten und lernen, ihn jeden Tag neu aufzuladen, bleiben wir in engerem Kontakt mit der Lebensenergie und dem Universum als Ganzem.

Diese Mudra wirkt sich auf Ihr ganzes System förderlich aus. Die Hände fungieren als Kanäle, um die Lebensenergie in Körper, Geist und Seele zu holen.

Chakras:	Basis (1), Scheitel (7)
Farben:	Rot, Violett
Mantra:	HARA HARE HARI WAHE GURU (Gott der Schöpfer höchster Macht und Weisheit, der spirituelle Lehrer und Führer durch die Dunkelheit) *Wiederholen Sie es im Geiste mit jedem Atemzug.*

Sitzen Sie mit gerade aufgerichtetem Rückgrat. Beugen Sie die Ellbogen, öffnen Sie die Arme nach beiden Seiten hin und heben Sie die Hände bis etwa zur Höhe des Herzens. Arme und Rumpf bilden so zwei Vs. Halten Sie die Handflächen dem Himmel zugewandt, die Finger liegen aneinander. Konzentrieren Sie sich auf Ihr Drittes Auge und fühlen Sie, wie die Energie in Ihre Handflächen strömt. Entspannen Sie sich und fühlen Sie tiefen Frieden.
Atmung: lang, tief und kontrolliert.

Mudra für Vertrauen

Ohne Vertrauen kann keine Beziehung lange bestehen. Aber erst müssen Sie Glauben und Vertrauen in sich selbst, Ihren höheren Geist und in die umfassendere Weisheit des Universums setzen. Haben Sie Vertrauen in sich selbst? Glauben Sie an sich selbst? Wir sind alle mit der höchsten schöpferischen Kraft und dem göttlichen Geist verbunden. Sie umgeben uns und wohnen uns auch inne. Wir sind nie allein und werden nie vergessen. Selbstvertrauen und spirituelles Vertrauen helfen Ihnen, Leute und Beziehungen anzuziehen, denen Sie vertrauen können. Sie tragen immer die Kraft zu siegen in sich. Alles geht von Ihnen aus.

Diese Mudra hilft Ihnen, Vertrauen, Glaube und spirituelle Balance zu entwickeln und aufzubauen, sodass Sie jeder Herausforderung gewachsen sind und Gott in jedem Aspekt Ihres Daseins erkennen können.

Chakra:	Scheitel (7)
Farbe:	Violett
Mantra:	HARA HARA HARA WAHE GURU (Gottes Schöpfung, seine höchste Macht und Weisheit) *Wiederholen Sie es im Geiste mit jedem Atemzug.*

Sitzen Sie mit geradem Rücken, recken Sie die Arme über den Kopf und bilden Sie einen Kreis, die Handflächen nach unten gewandt. Frauen sollten die rechte Handfläche auf den linken Handrücken, Männer die linke Handfläche auf den rechten Handrücken legen. Die beiden Daumenspitzen berühren sich mit leichtem Druck. Halten Sie den Rücken gerade und visualisieren Sie sich ganz und gar von einem schützenden Energiekreis umgeben.
Atmung: rascher Atem des Feuers mit Konzentration auf den Nabelbereich. Behalten Sie diese Mudra einige Minuten lang bei. Entspannen Sie sich dann und bleiben Sie still sitzen.

Mudra für innere Integrität

Wir alle geraten in schwierige Situationen, die unseren Charakter auf den Prüfstand stellen. Auch wenn wir vom Impuls her auf ein bestimmtes Problem emotional reagieren wollen, müssen wir doch daran denken, dass unser Handeln von der intelligentesten und rationalsten Antwort darauf bestimmt werden sollte. Wenn wir uns unsere Integrität bewahren, können wir uns selbst und den uns lieben Menschen eine Menge Leid, Bedauern und unnötigen Schmerz ersparen.

Nehmen Sie sich, wenn Sie sich vor eine solche Herausforderung gestellt sehen, ein paar Minuten Zeit und praktizieren Sie diese machtvolle Mudra. Beobachten Sie, wie sich die Gefühle Ihres Herzens und Ihr geistiges Bewusstsein verändern.

Diese Mudra stärkt Ihre Fähigkeit, Geistesgegenwart und innere Integrität zu bewahren, sodass Sie unter Stress die richtigen Entscheidungen treffen und Antworten finden können.

Chakras:	Kehle (5), Drittes Auge (6)
Farben:	Blau, Indigo
Mantra:	SAT NAM (Wahrheit ist der Name Gottes, eins im Geist) *Wiederholen Sie es im Geiste mit jedem Atemzug.*

Sitzen Sie mit gerade aufgerichtetem Rückgrat. Heben Sie die Oberarme an, sodass sie eine Parallele zum Boden bilden, winkeln Sie die Ellbogen an, richten Sie die Unterarme senkrecht auf. Die Hände befinden sich auf Höhe der Ohren, die Handflächen weisen nach vorne. Krümmen Sie die Finger, sodass sie die Handfläche berühren. Die Daumen sind gestreckt und weisen auf Ihre Schläfen. Praktizieren Sie die Mudra mindestens drei Minuten lang, entspannen Sie sich anschließend.
Atmung: kurzer rascher Atem des Feuers mit Konzentration auf den Nabelbereich.

Mudra zur Erweckung innerer Stärke

Wir besitzen alle große Reserven an innerer Kraft und Weisheit. In diesem unserer Wesensnatur innewohnenden Verstehen und Wissen sind alle Antworten und Lösungen auf unsere Probleme zu finden. Das Praktizieren dieser Mudra hilft Ihnen, die Quelle innerer Stärke anzuzapfen. Sie bringt Sie mit der kosmischen ewigen Kraft in Ihrem Innern in Kontakt.

Mit dieser Mudra aktivieren Sie die Kraftzentren des Dritten Auges und des vierten Chakras, und das wird Ihnen innere Stärke und Mut verleihen.

Chakras: Solarplexus (3), Herz (4)
Farben: Gelb, Grün

Sitzen Sie mit gerade aufgerichtetem Rückgrat. Krümmen Sie die Zeigefinger und krümmen Sie die Daumen darüber. Strecken Sie die anderen Finger. Die rechte Hand ist ein wenig unter die linke Hand geschoben, die Fingerkuppen des rechten Mittel- und Ringfingers berühren die obersten Fingerglieder der linken Hand. Führen Sie die Hände vor die Brust, heben Sie die Ellbogen an, sodass Unterarme und Hände eine parallele Linie zum Boden bilden.

Atmung: Atmen Sie in vier Schritten durch die Nase ein, formen Sie die Lippen zu einem O, atmen Sie mit einem Pfeifton aus. Setzen Sie das drei Minuten lang fort, entspannen Sie sich dann und fühlen Sie die Kraft in Ihrem Innern.

| **Mudra für Weisheit** | Wir können uns mit der uns innewohnenden göttlichen Weisheit verbinden, wenn wir unseren Geist zur Klarheit bringen, uns konzentrieren und diese uralte Mudra praktizieren. |

Das wird Ihnen bei der Lösung eines jeglichen Konflikts, vor den Sie sich gestellt sehen, helfen, da diese Mudra Sie darin unterstützt, dass Sie über Ihre persönlichen Probleme hinaussehen und die größeren Zusammenhänge und die höhere Bedeutung einer jeden Situation erkennen. Diese umfassendere Perspektive befähigt Sie, sich selbst und anderen zu helfen. Es ist eine sehr machtvolle Mudra, aber sie erfordert eine hingebungsvolle Praxis. Praktizieren Sie sie drei Wochen lang jeden Tag, und Sie werden imstande sein, die Antworten auf Ihre Fragen leichter zu finden und den Sinn und Zweck, der sich hinter den Herausforderungen in Ihrem Leben verbirgt, besser zu begreifen.

> *Diese Mudra stimuliert den Geistesnerv und macht den Zugang zu höherem Wissen und höherer Weisheit frei.*

Chakra: Drittes Auge (6)
Farbe: Indigo

Sitzen Sie mit geradem Rücken. Krümmen Sie die Daumen in die Handinnenfläche und die letzten drei Finger darüber, die Zeigefinger bleiben gestreckt. Halten Sie die Schultern entspannt unten, aber heben Sie die Ellbogen. Führen Sie die Hände vor Ihre Brust und haken Sie die Zeigefinger ineinander, wobei die rechte Handfläche nach unten und die linke zu Ihrer Brust hin weist. Die Unterarme bilden eine parallele Linie zum Boden.
Atmung: lang, tief und langsam. Praktizieren Sie diese Mudra drei bis elf Minuten lang, entspannen Sie sich anschließend und bleiben Sie still sitzen.

Mudra für Sanftheit und Güte

Es gibt Perioden, in denen wir gegenüber unseren Nächsten kalte und unfreundliche Gefühle hegen. Wir reagieren unter Umständen gedankenlos, und obwohl wir vielleicht gar nicht meinen, was wir sagen oder tun, können unsere Worte oder unser Verhalten großen Schaden anrichten. Wenn wir als Kinder nie Gelassenheit, Sanftheit und Güte erlernt oder erfahren haben, mag es uns als Erwachsene schwer fallen, freundlich und gütig zu sein. Güte ist jedoch eine der höchsten Eigenschaften der Seele, und wenn wir sie kultivieren, vermögen wir freundliche und liebevolle Menschen in unser Leben zu ziehen und auf eine höhere Ebene von Glück und Erfüllung zu gelangen.

Diese Mudra balanciert das elektromagnetische Feld des Gehirns aus und bringt Sie zu Gelassenheit, Sanftheit und Güte.

Chakras:	Kehle (5), Scheitel (7)
Farben:	Blau, Violett
Mantra:	HARI ONG HARI ONG TAT SAT (Gott in Aktion, die letzte und höchste Wahrheit) *Wiederholen Sie es im Geiste mit jedem Atemzug.*

Sitzen Sie mit geradem Rücken. Bilden Sie Fäuste und führen Sie sie an die Schläfen. Drücken Sie sacht gegen die Schläfen und spreizen Sie die Finger. Schließen Sie die Augen. Bilden Sie dann wieder Fäuste und drücken Sie gegen die Schläfen.
Atmung: lang, tief und langsam. Praktizieren Sie ein paar Minuten, entspannen Sie sich dann und bleiben Sie still sitzen.

> **Mudra zur inneren Sammlung für die Meditation**

Manche von uns haben vielleicht schon beim Gedanken Mühe, länger als ein paar Sekunden still sitzen zu müssen. Wir alle haben zuweilen Probleme damit. Meditation ist nur eine Sache der Disziplin und Praxis. Für Ihr Wohlsein ist es ganz wesentlich, dass Sie lernen, Ihren Geist zur Ruhe zu bringen und zu meditieren, und sei es auch nur für drei Minuten. Eine kurze tägliche Meditation wird Ihr Leben zum Besseren wenden, und je schneller Sie damit anfangen, desto schneller werden Sie die wunderbaren Resultate auf allen Ebenen und in allen Bereichen Ihres Lebens verspüren.

Dies ist eine Meditation für Personen, die nicht meditieren können. Sie bringt auch den ungestümsten oder zerstreutesten Geist zur Einsgerichtetheit, gelassenen Heiterkeit und Klarheit. Das Mantra wird Ihnen bei der Fokussierung auf die eine, uns allen innewohnende kosmische Kraft, »den Herzschlag des Lebens«, helfen.

Chakras: alle Chakras
Farben: alle Farben
Mantra: SAT NAM (Wahrheit ist der Name Gottes, eins im Geist)
Wiederholen Sie es mit jedem Pulsschlag.

Sitzen Sie mit geradem Rücken. Bilden Sie mit den vier Fingern Ihrer rechten Hand eine Linie und fühlen Sie damit den Puls an Ihrem linken Handgelenk. Drücken Sie mit den Fingern leicht darauf, sodass Sie den Puls in jeder Fingerspitze fühlen können. Die Hände sind ineinander gelegt. Schließen Sie die Augen und konzentrieren Sie sich auf Ihr Drittes Auge.
Atmung: lang, tief und langsam. Praktizieren Sie diese Mudra eine Woche lang täglich drei Minuten.

Mudra für innere Führung

Jeder Seele in dieser Welt wurde spirituelles Wissen und Weisheit gegeben. Die Antworten auf alle Ihre Fragen finden sich in Ihrem Herzen und sind Ihnen jederzeit zugänglich, jeden Tag rund um die Uhr, auch an Wochenenden, gratis, keine Warteliste, keine Überprüfung der Kreditwürdigkeit, keine Reservierungen erforderlich. Sie sitzen in der ersten VIP-Reihe. Sie brauchen nur zur Ruhe zu kommen, sich zu zentrieren, zu entspannen und mit dieser Mudra als Schlüssel die Tür zu öffnen. Bitten Sie, und Sie werden empfangen.

Sie empfangen Energie und Segen in Ihre Hände hinein. Der Blick in Ihre Hände schickt Heilkraft in Ihren Geist und hilft Ihnen, Führung und Anleitung zu finden.

Chakra: Scheitel (7)
Farbe: Violett

Sitzen Sie mit gerade aufgerichtetem Rückgrat. Heben Sie Ihre Hände vor die Brust und formen Sie eine zum Himmel hin geöffnete Schale. Drücken Sie die kleinen Finger aneinander, doch lassen Sie dabei eine kleine Öffnung dazwischen. Richten Sie den Blick auf die Nasenspitze in Richtung Hände.
Atmung: lang, tief und langsam in Ihre Handflächen hinein.

> **Mudra für Hilfe in einer kritischen und belastenden Situation**

Kummer und Trauer können uns ganz plötzlich überwältigen, und es ist wichtig zu wissen, wie wir uns seelisch, geistig und körperlich zusammenhalten können. Das Herz ist das Zentrum der Emotionen und Liebe, und es kann sein, dass wir, wenn wir eine besonders herzzerreißende Erfahrung durchmachen, konkreten körperlichen Schmerz in der Brust und Herzgegend fühlen. Bei dieser Mudra wird die Heilkraft Ihrer Hände eingesetzt, damit Sie sich wieder aufladen, stärken und Ihr Herz und ganzes Sein wieder ins Gleichgewicht bringen können.

Diese einfache, uralte Mudra hilft Ihnen, jede belastende Situation oder jeden ernsten Konflikt, in dem Sie sich befinden mögen, aufzulösen.

Chakra:	Herz (4)
Farbe:	Grün
Mantra:	HUMI HUM, BRAHAM HUM, BRAHAM HUM (Anrufung Ihres göttlichen Selbst) *Wiederholen Sie es mit jedem Atemzug.*

Sitzen Sie mit gerade aufgerichtetem Rückgrat. Legen Sie die Hände auf den oberen Brustbereich, die Finger weisen zueinander hin, die Ellbogen sind angehoben. Die Hände sind entspannt, die Finger gestreckt. Dies ist eine bequeme Haltung, bei der nur ganz wenig Druck und keinerlei Anspannung in den Armen und Händen vorhanden ist.
Atmung: lang, tief und langsam. Spüren Sie, wie Sie mit jedem Atemzug von immer mehr Ruhe und Frieden umgeben sind.

> **Mudra für machtvolle Einsicht und Erkenntnis**

Wenn Sie sich nicht sicher sind, was Sie hinsichtlich eines Problems unternehmen oder wie Sie es lösen sollen, oder wenn Sie sich einsam und verwirrt fühlen, dann erinnern Sie sich daran, dass Sie die Antwort in Ihrem Innern finden *können*. Sie brauchen einfach nur tief zu atmen, sich zu beruhigen und zu konzentrieren. Mit Hilfe dieser Mudra werden Sie zu der Erkenntnis und Einsicht gelangen, die Sie benötigen. Ihr regelmäßiges Praktizieren schärft Ihre Intuition, sodass Sie sie vielleicht nicht nur für sich selbst einsetzen, sondern auch anderen Menschen helfen können, zum gleichen Potenzial in ihrem Innern vorzudringen. Wir alle haben in unserer Seele das Werkzeug zur Verfügung, das wir brauchen.

Diese Mudra koordiniert beide Gehirnhemisphären und stimuliert die Zentren der intuitiven Erkenntnisfähigkeiten.

Chakra: Drittes Auge (6)
Farbe: Indigo

Sitzen Sie mit gerade aufgerichtetem Rückgrat, die Ellbogen sind zu beiden Seiten angehoben. Heben Sie die Hände bis auf Nabelhöhe. Der linke Handrücken ruht in der rechten Handfläche, und die Daumen sind links über rechts gekreuzt. Konzentrieren Sie sich auf Ihr Drittes Auge.
Atmung: lang, tief und langsam.

Mudra für Zufriedenheit

Wir alle erleben Momente, in denen wir unglücklich sind, aber manchmal belasten wir uns länger damit als nötig. Wenn wir in unserem Leben in der Vergangenheit verharren, wirkt sich das auf unsere Gegenwart und Zukunft aus, und deshalb ist es wichtig, dass wir zur heiteren Gelassenheit und Zufriedenheit gelangen, um unser Dasein aus dieser Sicht zu betrachten. Schon ein paar Minuten des Praktizierens dieser Mudra zeigen sofort Wirkung. Ein tägliches Praktizieren wird Ihr Leben verwandeln.

Diese Mudra lässt Sie sich behaglich und zufrieden fühlen. Die Kontaktpunkte zwischen den Fingerspitzen richten und balancieren Ihre Körperenergie neu aus und stärken Sie in Ihrer inneren Fähigkeit, mit Ihrem höheren Selbst in Kontakt zu bleiben.

Chakra:	Solarplexus (3)
Farbe:	Gelb
Mantra:	SARE SA SA SARE SA SA SARE HARE HARA (Gott ist in seinem Schöpfertum unbegrenzt) *Wiederholen Sie es im Geiste mit jedem Atemzug.*

Sitzen Sie mit gerade aufgerichtetem Rückgrat. Bilden Sie mit dem Daumen und Mittelfinger der rechten Hand und dem Daumen und kleinen Finger der linken Hand einen Kreis. (Männer umgekehrt: Daumen und Mittelfinger der linken Hand, Daumen und kleiner Finger der rechten Hand.) Die anderen Finger sind entspannt. Halten Sie die Hände ein paar Zentimeter voneinander entfernt vor Ihren Nabelbereich.
Atmung: lang, tief und langsam. Meditieren Sie ein paar Minuten, ballen Sie dann beide Hände zu Fäusten und entspannen Sie sich.

Mudra für Gedeihen und Wohlergehen

Physisches, emotionales und materielles Gedeihen und Wohlergehen sind Ihr Geburtsrecht. Wie erreichen Sie das? Setzen Sie sich als Erstes ein klares Ziel. Sehen Sie sich selbst Ihren Traum erfolgreich verwirklichen und leben. Befreien Sie sich dann mit Hilfe dieser Mudra von allen bisherigen mentalen und emotionalen Energieblockaden. Dann müssen Sie einen praktikablen und realistischen Plan für Ihr Handeln entwerfen. Praktizieren Sie diese Mudra vier Wochen lang jeden Tag elf Minuten und schauen Sie, was passiert. Sie sollten Ihren Weg klar vor sich und Ihre Bemühungen belohnt sehen.

Mit den Handbewegungen dieser Mudra nehmen Sie Heilkraft in Ihre Hände auf. Wenn Sie diese Mudra praktizieren und dabei »Hara« rezitieren, müssen und werden Sie Wohlergehen und Wohlstand manifestieren.

Chakras:	Basis (1), Fortpflanzungsorgane (2), Solarplexus (3)
Farben:	Rot, Orange, Gelb
Mantra:	HARA HARA (Gott, Gott) *Wiederholen Sie es bei jedem Ausatmen laut, konzentrieren Sie die Energie auf den Nabelbereich.*

Sitzen Sie mit gerade aufgerichtetem Rückgrat. Legen Sie die Zeigefinger aneinander, die Daumen verbergen sich unter den Handflächen, diese weisen zum Boden. Pressen Sie die Zeigefinger für eine Sekunde fest aneinander. Drehen Sie dann die Hände um, sodass die Handflächen eine Sekunde lang dem Himmel zugewandt sind und sich die Hände an den Seiten der kleinen Finger berühren. Drehen Sie die Handflächen dann wieder um, sodass sie zu Boden weisen. Die Handkanten sollen immer miteinander in Berührung sein. Wiederholen Sie mit jedem Positionswechsel der Hände das Mantra »Hara«. Setzen Sie das drei bis elf Minuten lang fort.
Atmung: kurz und rasch in Einklang mit jedem Positionswechsel der Hände. Atmen Sie von der Nabelregion her und wiederholen Sie das Mantra.

Mudra für höheres Bewusstsein

Das letztliche Ziel Ihrer Lebensreise ist höheres Bewusstsein. Wir alle sehnen uns danach, einen Zustand ruhiger Zentriertheit inmitten der Stürme des Alltags, wenn alle anderen mit Verwirrung und Konfusion zu kämpfen haben, beibehalten zu können. Alle Antworten existieren in Ihrem Innern, sind Ihnen jederzeit zugänglich, aber der Zugang zu dieser inneren Kraft erfordert die richtige Praxis und Disziplin. Es liegt an Ihnen. Wann immer Sie bewusst danach suchen, werden Sie die Antwort finden, die Sie brauchen. Sie wussten sie schon immer.

Diese Mudra hilft Ihnen, zu höherem Bewusstsein, tieferer intuitiver Einsicht und größerer spiritueller Kraft zu gelangen – und das wird Sie den Sinn und Zweck, der sich hinter den alltäglichen Begebenheiten und Herausforderungen verbirgt, erkennen und verstehen lassen.

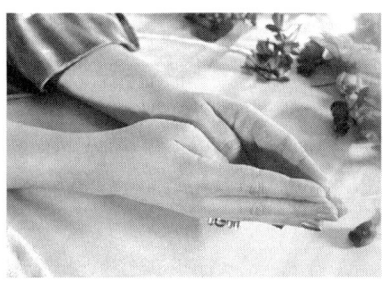

Chakras: Solarplexus (3), Scheitel (7)
Farben: Gelb, Violett

Sitzen Sie mit geradem Rücken. Legen Sie die Handflächen zusammen und heben Sie sie, ein paar Zentimeter vor dem Körper, auf Herzhöhe. Die Finger weisen nach vorn. Die Daumen sind gekrümmt und berühren jeweils den kleinen Hügel unter dem kleinen Finger derselben Hand, wobei der rechte Daumen ein wenig über dem linken Daumen liegt. Die Hände berühren sich fest in ihrem untersten Bereich.
Atmung: lang, tief und langsam. Setzen Sie das ein paar Minuten lang fort und dehnen Sie es mit der Zeit länger aus. Entspannen Sie sich und genießen Sie die Empfindungen.

Teil 2:
Körper

Ihr Körper ist Ihr Tempel...
Hegen und pflegen Sie ihn,
halten Sie ihn in Ehren.

In diesem Kapitel finden Sie 15 Mudras, die Ihnen helfen werden, Ihren physischen Körper zu beruhigen, zu heilen und mit Energie neu aufzuladen. Ihr Körper, diese erstaunliche und sensible Schöpfung, braucht liebevolle Pflege und Zuwendung, die richtige Nahrung und Ertüchtigung. Wertschätzen, lieben, respektieren und feiern Sie ihn. Wenn Sie diese Mudras täglich praktizieren, werden Sie Ihre sexuellen Energien auszubalancieren lernen, den Alterungsprozessen und Stresserscheinungen vorbeugen, Ihre Süchte überwinden, sich physisch entspannen und Ihre Körperbatterien wieder aufladen.

Sie können nur eine Mudra am Tag oder so viele wie Sie wollen praktizieren, bis Sie sich energiegeladen, stressfrei und ausgeglichen fühlen. Haben Sie Geduld und üben Sie sich in Selbstliebe. Sehen Sie sich im Geiste in einem gesunden und Leben sprühenden Körper.

Mudra gegen das Altern

Wir alle wollen jung und gesund aussehen. Ein natürlicher Alterungsprozess ist Bestandteil von jedermanns Leben, aber Sie können, ganz gleich wie alt Sie sind, Ihren Körper erhalten und schützen. Eine gesunde Lebensweise, körperliche Ertüchtigung und die richtige Ernährung sind zwar wesentlich, aber die wirkungsvollste Zutat bei einem Rezept gegen das Altern ist die richtige geistige Verfassung und Einstellung. Mit dieser Mudra können Sie sich von allen Unreinheiten in Ihrem System reinigen, den Alterungsprozess umkehren und lernen, sich an Ihrer mit der Zeit gewonnenen Weisheit und Erfahrung zu erfreuen.

Diese Atemtechnik und Mudra wird Ihre Aura reinigen und aufhellen und Ihre Zellen regenerieren, was Ihr Gesicht strahlen lassen und dem Alterungsprozess entgegenwirken wird.

Chakras: Basis (1), Fortpflanzungsorgane (2)

Mantra: EK ONG KAR SA TA NA MA (ein Schöpfer von Unendlichkeit, Geburt, Tod und Wiedergeburt)
Wiederholen Sie es im Geiste mit jedem Atemzug.

Sitzen Sie mit geradem Rücken. Bilden Sie mit Daumen und Zeigefingern jeweils einen Kreis, lassen Sie die Hände auf den Knien ruhen, die Handflächen weisen nach oben. Die anderen Finger sind gestreckt.

Atmung: kurzer rascher Atem des Feuers mit Konzentration auf den Nabelbereich. Das Atmen sollte so kraftvoll sein, dass Sie »mit dem Bauchnabel tanzen«. Setzen Sie das mindestens drei Minuten lang fort und entspannen Sie sich dann.

| **Mudra für starke Nerven** | Sie können lernen, in Ihrem Alltagsleben auch in Zeiten der Herausforderung und des Aufruhrs ruhig und zentriert zu bleiben. Sie werden sofort die Kraft dieser Mudra spüren, so als |

brächten Sie zwei Energieströme zusammen, doch sie wirkt sich beruhigend und besänftigend aus und hilft Ihnen, starke Nerven zu behalten.

Diese Mudra stärkt Ihre Nerven. Durch den Druck auf die Mittelfingerkuppe stärken Sie die Kontrolle im emotionalen Bereich, und der Druck auf die Kuppe des kleinen Fingers löst in Ihnen innere Ruhe und Gelassenheit aus. Da die männliche und weibliche Seite des Körpers bei Männern und Frauen unterschiedlich korrespondieren, nehmen Männer die umgekehrte Haltung ein.

Chakras: Solarplexus (3), Herz (4)
　Farben: Gelb, Grün

Sitzen Sie mit gerade aufgerichtetem Rückgrat, heben Sie die linke Hand auf Ohrhöhe, die Handfläche weist nach außen. Bilden Sie mit dem Daumen und Mittelfinger einen Kreis, strecken Sie die anderen Finger. Die rechte Hand befindet sich vor dem Solarplexus, hier bilden der Daumen und der kleine Finger einen Kreis, die anderen Finger sind gestreckt, die Handfläche weist zum Himmel hinauf. Männer halten die rechte Hand auf Ohrhöhe und bilden mit dem Daumen und Mittelfinger einen Kreis. Die linke Hand befindet sich vor dem Solarplexus, und Daumen und kleiner Finger schließen sich zum Kreis zusammen.

Atmung: Zählen Sie beim Einatmen bis vier und atmen Sie in einem starken Zug aus. Setzen Sie das ein paar Minuten lang fort.

> **Mudra zum Schutz der Gesundheit**

Zusätzlich zur richtigen Ernährungsweise, der Wahrung von guter Hygiene und regelmäßiger Körperertüchtigung können Sie zur Bewahrung und zum Schutz Ihrer Gesundheit diese uralte und machtvolle Mudra praktizieren. Ein tägliches Praktizieren über viele Jahre hinweg hat viele Vorteile.

Diese Mudra hält die Verteilung von roten und weißen Blutkörperchen im Gleichgewicht und stärkt Ihre allgemeinen Abwehrkräfte.

Chakras: alle Chakras
Farben: alle Farben

Sitzen Sie mit geradem Rücken. Winkeln Sie Ihren rechten Ellbogen an und heben Sie die rechte Hand wie zum Schwur. Zeige- und Mittelfinger liegen aneinander und sind nach oben gestreckt. Krümmen Sie den Ringfinger und kleinen Finger in die Handfläche und legen Sie den Daumen darüber. Bilden Sie mit der linken Hand die gleiche Mudra und führen Sie die Hand zur Brust, wobei die beiden gestreckten Finger das Herz berühren. Alle gestreckten Finger sollen so gerade wie möglich gestreckt sein, damit ein starkes elektromagnetisches Feld um Sie herum aufgebaut wird.
Atmung: Atmen Sie zwanzig Sekunden lang ein, halten Sie zwanzig Sekunden den Atem an, atmen Sie zwanzig Sekunden lang aus. Ziehen Sie den Nabelbereich so stark wie möglich ein. Setzen Sie das ein paar Minuten lang fort und entspannen Sie sich dann.

Mudra zur Verhinderung von Stress

Wir alle erleben Stress in unserem Dasein. Viele von uns hasten von einer Aktivität zur anderen und bekümmern sich täglich um allzu viele Dinge, ohne genug Zeit zur Erholung zu finden.

Für Ihren Körper und Geist ist es sehr wichtig, dass Sie ihnen Zeiten einräumen, in denen sie mal langsamer machen können. Diese Mudra kann Ihnen vor allem dann, wenn Sie sich völlig gestresst fühlen, eine Hilfe sein. Sie werden ihre Auswirkungen sofort spüren und stellen vielleicht fest, dass Sie sie jeden Tag praktizieren wollen, um Ihre Energie aufzubauen und sich stressfrei zu halten.

> *Diese Mudra bewirkt, dass das Gehirn auch unter Stress sein Gleichgewicht bewahren kann, und hält die Nerven stark.*

Chakra: Solarplexus (3)
Farbe: Gelb

Sitzen Sie gerade. Entspannen Sie die Arme, winkeln Sie die Ellbogen an und bilden Sie mit den Unterarmen eine Parallele zum Boden. Heben Sie die Hände, die Handflächen nach oben gerichtet, auf eine Höhe von etwa drei Zentimeter über dem Bauchnabel. Der linke Handrücken ruht in der rechten Handfläche. Die Finger sind aneinander gelegt und gestreckt.

Atmung: lang, tief und langsam. Halten Sie sich von Gedanken frei. Setzen Sie das drei Minuten lang fort und entspannen Sie sich dann.

Mudra für gesunde Brüste und ein gesundes Herz

Unser Körper verfügt über große Selbstheilungs- und Abwehrkräfte, die am besten funktionieren, wenn wir unser Bewusstsein einsetzen, um sie zu aktivieren, zu nutzen und zu stärken. Mudras unterstützen den Fluss der Energieströme im Körper und damit die Heilenergien, wodurch uns unsere Gesundheit erhalten bleibt. Zusätzlich zu den spirituellen Praktiken muss jede Frau auch regelmäßig ihre Brüste untersuchen und in Kontakt mit ihrem Körper bleiben. Diese Mudra leitet die Energie des weiblichen Körpersystems zur Reinigung der Lymphdrüsen im oberen Brustbereich an, was die Gesundheit in der Brustregion bewahren hilft. Der Herzmuskel muss ständig arbeiten, weshalb wir ihn bei seiner Regenerierung unterstützen und ihm etwas Ruhe verschaffen müssen.

Diese Mudra reinigt Ihre Brustregion und lädt sie wieder mit Selbstheilungsenergie auf. Ihr tägliches Praktizieren erhält das Herz stark.

Chakra: Herz (4)
Farbe: Grün

Sitzen Sie ruhig, Rücken gerade, in bequemer Haltung. Halten Sie die Arme locker und entspannt, die Handflächen weisen nach vorn. Winkeln Sie dann abwechselnd die Ellbogen an, sodass die Unterarme sich so rasch wie möglich bis zum Herzzentrum erheben. Wenn sich die rechte Hand vor der Brust befindet, ist die linke Hand vom Körper weggestreckt, wenn sich die linke Hand vor der Brust befindet, ist die rechte Hand vom Körper weggestreckt. Knicken Sie die Handgelenke oder Hände nicht ab und berühren Sie die Brust nicht. Führen Sie das in raschem Tempo vier Mal, während Sie einatmen und vier Mal, während Sie ausatmen durch, bis Sie sich heiß fühlen; entspannen Sie sich dann ein paar Minuten.
Atmung: lang, tief und langsam.

Mudra zum Erspüren Ihres Energiekörpers

Der physische Körper ist von einem unsichtbaren Energiekörper, oder der Aura, umgeben. Mit einiger Übung können Sie lernen, ihn wahrzunehmen. Wenn Sie diese Mudra praktizieren, auf die Atmung achten und sich konzentrieren, werden Sie allmählich spüren, sehen und fühlen, wie sich Ihre Energie zwischen Ihren Handflächen bewegt. Ein regelmäßiges Praktizieren wird Ihre Wahrnehmungsfähigkeit steigern.

Wenn Sie die Handflächen mit ihrem Energiefeld aufeinander zubewegen, verstärken Sie das Energiefeld und können es daher leichter wahrnehmen.

Chakra: Drittes Auge (6)
Farbe: Indigo

Sitzen Sie mit gerade aufgerichtetem Rückgrat. Halten Sie die Hände vor sich, sodass die offenen Handflächen aufeinander zu weisen. Die Finger sind ein wenig gespreizt und leicht gebogen. Sie zeigen nach vorne. Die Atemzüge sind lang, tief und langsam. Halten Sie den Blick auf den Bereich zwischen den Handflächen gerichtet. Fühlen Sie, während Sie atmen, wie die Energie von einer Hand zur anderen fließt. Nach einigen Minuten werden Sie den Energiefluss zu sehen beginnen.
Atmung: lang, tief und langsam.

Mudra zur Verhinderung des Ausbrennens

Wenn Sie sich nicht die Ruhe- und Erholungspausen gönnen, die Sie brauchen und verdienen, gefährden Sie womöglich Ihre körperliche und geistige Gesundheit und erschöpfen Ihre Lebensenergie. Wenn Sie sich so müde und erschöpft fühlen, dass eine Erholung schier unmöglich scheint, dann ist der Augenblick gekommen, um die letzten Funken an Energie zusammenzuraffen und diese Mudra zu praktizieren. Selbst wenn sie sich am Anfang schwer aufrechterhalten zu lassen scheint, werden Sie sich nach drei Minuten verjüngt fühlen und über die Kraft, die in Ihnen steckt, überrascht sein.

Der Druck Ihrer Finger stimuliert Ihre elektrischen Energieströme und lädt sie wieder mit Lebenskraft auf.

Chakras: Basis (1), Fortpflanzungsorgane (2), Solarplexus (3)
Farben: Rot, Orange, Gelb

Sitzen Sie mit geradem Rücken, heben Sie die Ellbogen und Unterarme vor sich in einer parallelen Linie zum Boden an. Die Hände begegnen sich auf Höhe des Herzens, die Handflächen sind nach unten gewandt. Legen Sie die Daumen in die Handfläche, sodass die Daumenspitzen an den Wurzeln der Ringfinger ruhen. Die anderen Finger liegen jeweils aneinander und sind gestreckt. Wenden Sie die Handrücken einander zu und pressen Sie nun die Fingerspitzen und Fingernägel fest aneinander, die oberen Bereiche der Hände berühren sich nicht. Atmen Sie tief ein, atmen Sie ganz aus. *Atmung:* lang, tief und langsam. Wiederholen Sie das ein paar Mal und entspannen Sie sich dann. Ruhen Sie sich ein paar Minuten aus.

Mudra für die Heilung nach einer Naturkatastrophe

Erdbeben, Überschwemmungen, Wirbelstürme und andere Naturkatastrophen treten leider sehr häufig auf. Die Menschen fühlen sich nach einem derart traumatischen Geschehen oft desorientiert, verwirrt, verletzlich und voller Angst. Diese Mudra kann sich sofort sehr machtvoll und positiv auswirken und Ihnen bei der Bewältigung der Nachwirkungen der Krise und bei der neuerlichen harmonischen Einstimmung Ihrer Energie auf die der Erde helfen.

Diese Mudra bringt die magnetische Beziehung zwischen den beiden Gehirnhemisphären wieder ins Gleichgewicht, was Ihnen Ihre emotionale Balance wiederzugewinnen hilft.

Chakras:	Basis (1), Solarplexus (3), Drittes Auge (6)
Farben:	Rot, Gelb, Indigo
Mantra:	HARI ONG TAT SAT (Gott in Aktion, die letzte und höchste Wahrheit) *Wiederholen Sie es im Geiste mit jedem Atemzug.*

Sitzen Sie gerade. Legen Sie die leicht gewölbte linke Hand über Ihr linkes Ohr, wobei der linke Oberarm eine parallele Linie zum Boden bildet. Formen Sie mit der rechten Hand eine Faust, strecken Sie den rechten Arm seitwärts aus, winkeln Sie dann den Ellbogen an, sodass die leicht nach außen gewandte Faust sich nahe an Ihrem rechten Ohr befindet.
Atmung: lang, tief und langsam. Setzen Sie das ein paar Minuten lang fort und entspannen Sie sich dann.

Mudra zur Überwindung von Süchten

Alle Süchte hängen mit unserem Wunsch zusammen, nicht akzeptieren zu wollen, dass wir als Individuen für uns selbst verantwortlich sind. Unsere Süchte geben uns das Gefühl, weniger allein zu sein, halten uns aber auch davon ab, dass wir uns der Realität bestimmter Probleme oder Situationen stellen. Wir versuchen uns aus unseren Verstimmungen und Gefühlen von Unbehagen und Gereiztheit herauszuholen, indem wir zu Suchtmitteln greifen oder uns durch Beziehungen mit suchthaftem Charakter von uns selbst ablenken. Wenn wir eine Sucht überwinden wollen, müssen wir uns auf tiefster Ebene klar machen, dass nichts so schlimm ist, wie wir befürchten. Ein Ablenken von sich selbst durch Drogen, Koffein, Alkohol, Zigaretten, Essen oder miese Beziehungen verschlimmert nur das Problem. Es verzögert auch das Erreichen unseres Lebensziels. Das regelmäßige dreiminütige Praktizieren dieser Mudra drei Mal am Tag wird Ihnen helfen, Ihre Sucht binnen 30 Tagen zu überwinden.

Diese Mudra funktioniert sowohl bei physischen Suchtabhängigkeiten wie auch bei Suchtverhalten auf emotionaler Ebene und bei Koabhängigkeit. Der Druck der Daumen auf die Schläfen löst einen Strom rhythmischer Reflexe aus, der in den zentralen Gehirnbereich geleitet wird und dort jene Energien ausbalanciert, die ein Suchtverhalten verursachen.

Chakras: Basis (1), Fortpflanzungsorgane (2), Solarplexus (3), Herz (4), Kehle (5)

Farben: Rot, Orange, Gelb, Grün, Blau

Sitzen Sie mit gerade aufgerichtetem Rückgrat. Vergewissern Sie sich, dass Sie nicht krumm dasitzen. Ballen Sie die Hände zu Fäusten und strecken Sie dann die Daumen aus. Drücken Sie die Daumen an die Schläfen, wo Sie eine kleine Einbuchtung fühlen. Beißen Sie die Backenzähne zusammen, halten Sie die Lippen geschlossen. Bringen Sie die Kiefermuskeln zum Vibrieren, indem Sie den Druck auf den Backenzähnen wechselweise lockern und verstärken. Sie werden fühlen, wie sich unter Ihren Daumen ein Muskel im selben Rhythmus bewegt. Spüren Sie, wie er die Daumen massiert, während Sie den festen Druck der Daumen auf die Schläfen beibehalten. Konzentrieren Sie sich dabei auf das Dritte Auge. Setzen Sie das drei bis elf Minuten lang fort. Entspannen Sie nun die Arme, lassen Sie sie an der Seite herabsinken und bilden Sie jeweils mit dem Daumen und Zeigefinger einen Kreis. Behalten Sie diese Stellung bei und entspannen Sie sich dann.
Atmung: kurzer, rascher Atem des Feuers mit Konzentration auf den Nabelbereich.

Mudra zur Heilung eines gebrochenen Herzens

Wenn Sie zutiefst an einem gebrochenen Herzen leiden, scheinen Kummer und Schmerz unausweichlich zu sein. Die Traurigkeit mag anfänglich überwältigend erscheinen, aber mit der Zeit können Sie allmählich begreifen, warum Sie dieses Leid erleben mussten. Was immer die tieferen Gründe dafür sein mögen, wir können, während wir diese schmerzliche Erfahrung durchleben, mit dieser schönen Mudra unser Herz rascher heilen.

> *Diese Mudra wirkt sehr entspannend, ist gut für die Nerven und wird ein gebrochenes Herz beruhigen und heilen.*

Chakras:	Herz (4), Kehle (5), Drittes Auge (6)
Farben:	Grün, Blau, Indigo
Mantra:	HUMME HUM HUM BRAHAM (Anrufung Ihres göttlichen Selbst) *Wiederholen Sie es im Geiste mit jedem Atemzug.*

Sitzen Sie mit geradem Rücken. Führen Sie die Hände wie im Gebet zusammen, die Spitzen der Mittelfinger befinden sich auf Höhe des Dritten Auges. Die Ellbogen sind seitlich angewinkelt, die Arme befinden sich in horizontaler Linie. Behalten Sie diese Mudra mindestens drei Minuten bei.
Atmung: lang, tief und langsam durch die Handflächen hindurch, so als tränken Sie Wasser.

Mudra zur Beseitigung von Müdigkeit und Erschöpfung

Wenn Müdigkeit und Erschöpfung Sie zu überwältigen drohen, können Sie sich durch das Praktizieren dieser einfachen Mudra besser fühlen. Nehmen Sie sich ein paar Minuten Zeit, kommen Sie zur Ruhe und zu Atem.

Diese Meditation bringt Ihnen Heilung, gibt Ihrer Energie Auftrieb und fördert Ihre Intuition.

Chakras: Solarplexus (3), Herz (4)
Farben: Gelb, Grün

Sitzen Sie gerade. Die Ellbogen sind zur Seite hin angewinkelt. Halten Sie die Hände auf Höhe des Solarplexus, ballen Sie sie zu Fäusten, strecken Sie aber die Zeigefinger gerade aus. Die rechte Handfläche weist nach unten, die linke nach oben. Legen Sie den rechten Zeigefinger auf den linken Zeigefinger. Die beiden Finger kreuzen sich genau in der Mitte des mittleren Fingerglieds, sodass dadurch ein spezieller Meridiankontakt hergestellt wird.

Atmung: Atmen Sie in langen, tiefen und langsamen Atemzügen durch die Nase ein und durch die leicht geschürzten Lippen kraftvoll aus, wobei Sie den Atem auf die Zeigefingerspitzen richten. Meditieren Sie auf die Empfindungen, die Ihr auf die Finger gerichteter Atem auslöst, und setzen Sie das ein paar Minuten fort.

Mudra zum Diäthalten

Wahre Schönheit kommt von innen. Wir alle haben unsere ganz eigene Schönheit, doch sie wird durch das, was wir essen, beeinflusst. Wenn wir gesunde Nahrung zu uns nehmen, sehen wir gesund und vital aus. Wenn Sie das dringende Bedürfnis nach Nahrung mit geringem Nährwert haben, wird Ihnen diese Mudra helfen, Ihre Diät einzuhalten und Ihren Appetit zu zügeln, und Sie werden sich dennoch energiegeladen fühlen.

Diese Mudra stärkt Ihr elektromagnetisches Feld und lässt Sie Energie aus dem Universum beziehen, sodass Sie unbeschadet mit weniger Essen auskommen können.

Sitzen Sie mit gerade aufgerichtetem Rückgrat, strecken Sie die Arme, parallel zum Boden, nach vorne aus, die leicht gewölbten Handflächen weisen nach oben. Führen Sie nun die Arme ganz langsam so weit wie möglich zur Seite, weiterhin in einer parallelen Linie zum Boden, die Handflächen bleiben nach oben gerichtet.

Chakras: Basis (1), Solarplexus (3), Scheitel (7)
Farben: Rot, Gelb, Violett

Führen Sie die Arme dann langsam zurück in die Ausgangsposition, sodass sich die äußeren Handkanten vor Ihrer Mitte fast berühren. Wiederholen Sie den Vorgang. Fühlen Sie, wie die Energie durch Ihr Scheitelchakra einströmt und in die Hände fließt. Wenn die Hände sich annähern, werden Sie zwischen beiden eine Anziehungskraft spüren, der Sie widerstehen. Dadurch baut sich die Energie in Ihnen auf. Setzen Sie dies mindestens drei Minuten lang fort. Halten Sie dann die Hände entspannt vor Ihrer Brust, die Ellbogen sind angewinkelt, die Handflächen weisen aufeinander zu und sind etwa zehn Zentimeter voneinander entfernt. Visualisieren Sie nun eine Energiekugel zwischen Ihren Händen. Setzen Sie das ein paar Minuten lang fort und entspannen Sie sich dann.
Atmung: lang, tief und langsam.

Mudra zum Sich-Aufladen

Wir alle müssen wissen, wie wir uns wieder aufladen und Körper und Geist erfrischen können, um den täglichen persönlichen und beruflichen Anforderungen gerecht werden zu können. Diese Mudra lässt sich jederzeit und praktisch überall praktizieren. Nach ein paar Minuten werden Sie einen Unterschied bemerken.

Diese Mudra baut die Energie in Ihrem ganzen System auf und stärkt Ihr Vermögen, mit den Herausforderungen und Aufgaben in Ihrem Leben zurechtzukommen. Die Handhaltung dieser Mudra aktiviert den Hauptenergiekanal in Ihrem Rückgrat, lädt ihn wieder mit Energie auf und erfüllt ihn mit neuer pulsierender Lebenskraft.

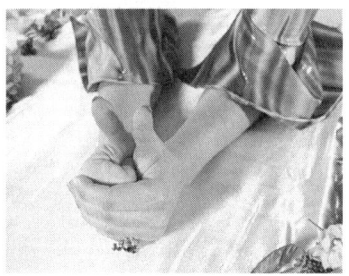

Chakras: Basis (1), Fortpflanzungsorgane (2), Scheitel (7)
Farben: Rot, Orange, Violett

Sitzen Sie mit gerade aufgerichtetem Rückgrat, strecken Sie die Arme, parallel zum Boden, gerade vor sich aus. Bilden Sie mit der rechten Hand eine Faust. Schließen Sie die Finger der linken Hand um die Faust, die Handwurzeln und die gerade nach oben gestreckten Daumen berühren sich. Halten Sie Ihren Blick auf die Daumen gerichtet.
Atmung: kontrolliert, lang, tief und langsam. Setzen Sie das ein paar Minuten lang fort und entspannen Sie sich dann.

Mudra zur Ausbalancierung der sexuellen Energie

Wir alle werden ständig mit sexuellen Reizen bombardiert und sind der sexuellen Anmache und Ausbeutung von Seiten der Werbung ausgesetzt. Diese Bilder und diese allgemeine Einstellung gegenüber der Sexualität erschöpfen unsere lebenswichtige sexuelle Energie und machen unsere sexuellen Beziehungen schwierig. Doch der Sex kann eine wunderschöne, gebende, spirituelle Erfahrung zweier Seelen sein, die respektiert, geachtet und wertgeschätzt werden muss. Beim Sex findet ein machtvoller Austausch zwischen zwei schöpferischen Kräften statt, der uns noch lange Zeit beeinflusst, und deshalb ist es überaus wichtig, dass wir mit unserer sexuellen Energie pfleglich umgehen, sie nähren und im Gleichgewicht halten. Negative Erfahrungen in der Vergangenheit können geheilt werden, und wenn wir diese Energie ganz bewusst kanalisieren, können wir zu elementarster sexueller Kraft und höchster Freude gelangen.

Diese Mudra kanalisiert Ihre sexuelle Energie und balanciert sie aus. Sie reinigt die Ihr ganzes Sexual- und Fortpflanzungssystem steuernden Drüsen und lädt sie wieder mit Energie auf. Wenn es um Kraft und Vertrauen in Ihre Sexualität geht, dann liegt der rechte Daumen über dem linken. Geht es um Sensibilität und Sanftheit, dann liegt der linke Daumen über dem rechten.

Chakra: Fortpflanzungsorgane (2)
Farbe: Orange

Sitzen Sie mit gerade aufgerichtetem Rückgrat, die Ellbogen sind zur Seite hin leicht angewinkelt. Verschränken Sie die Hände so ineinander, dass der linke kleine Finger den Abschluss bildet. Wenn wir den rechten Daumen über den linken legen, stärken wir die männliche Seite in uns. Legen wir den linken Daumen über den rechten, wird die weibliche Seite in uns wieder mit Energie aufgeladen. Pressen Sie die Hände zusammen, behalten Sie diese Haltung drei Minuten lang bei und entspannen Sie sich dann.
Atmung: Atmen Sie kraftvoll durch die Nase ein und aus.

> **Mudra für ein langes Leben**

Sie können Ihr Leben verlängern, wenn Sie sich richtig ernähren, sich körperlich ertüchtigen und diese uralte Mudra praktizieren. Der für ein langes Leben entscheidende Faktor ist Ihr Körperrhythmus, und diese Mudra wirkt auf die Energie ein, die den Takt dafür angibt und ihn fein einstimmt. Wenn Sie sie regelmäßig drei Mal am Tag drei Minuten lang praktizieren, werden Sie Ihre Lebensspanne verlängern.

Diese Mudra wirkt auf den an der Wirbelsäule entlanglaufenden Lebensnerv ein und hilft bei der Erzeugung eines neuen Körperrhythmus, wodurch das Potenzial für ein langes Leben gesteigert wird.

Chakras: Basis (1), Scheitel (7)
  Farben: Rot, Violett

Sitzen Sie mit gerade aufgerichtetem Rückgrat und strecken Sie die Arme, parallel zum Boden, gerade vor sich aus. Die Ellbogen sind gestreckt, die Handflächen sind dem Himmel zugewandt. Bilden Sie mit den Händen eine Schale, so als sollte Wasser in sie hineingegossen werden. Behalten Sie diese Stellung mindestens drei Minuten bei und entspannen Sie sich dann.
Atmung: kurzer rascher Atem des Feuers mit Konzentration auf den Nabelbereich.

Teil 3:
Geist

Ihr Geist ist ohne Grenzen...
Dehnen Sie ihn aus.

Diese 21 Mudras für den Geist helfen bei einer Vielfalt von Problemen, die Sie sich – in Ihrem Geist – geschaffen haben. Ein wirrer Geisteszustand lässt sich mit einem galoppierenden Wildpferd vergleichen. Mit Disziplin können Sie der wilden Gedankenenergie die Zügel anlegen und Ihren Geist zähmen. Alles und jedes wird möglich, wenn Sie Ihren Geist lehren, wer hier das Sagen hat. Verjagen Sie die von Ihnen selbst erschaffenen Gespenster der Angst und Unsicherheit und erleben Sie durch diese Yogapraktiken die ungeheure Macht und Kraft Ihres Geistes.

Sie haben ein göttliches Geschenk erhalten – den freien Willen. Sie allein entscheiden, was Sie mit ihm anfangen. Wir schaffen uns unser eigenes Schicksal, und mit einem geschärften Geist können Sie Ihr Schicksal bewusst gestalten und belastende Situationen korrigieren und zum Besseren wenden.

Sie können nur eine Mudra am Tag oder so viele wie Sie wollen praktizieren, bis Sie Ihre Ängste und anderen mentalen Hindernisse zum Verschwinden gebracht haben. Und wenn Ihr Geist klarer ist, werden Sie zusehen, wie Sie ihn einsetzen können, um sich selbst und anderen zu helfen. Wenn Sie zum Wohl dieser Welt handeln, werden Sie nie allein sein.

Mudra zur Schlafengehenszeit für einen guten Morgen

Unsere Gefühle am Morgen wirken sich auf den ganzen Tag aus. Wenn wir positiv gestimmt und ausgeruht, voller Energie und Inspiration aufwachen, hilft uns das, ein glücklicheres, gesünderes, erfüllteres und abenteuerlicheres Leben zu führen.

Diese Mudra muss zur Schlafengehenszeit praktiziert werden, damit Sie am Morgen in einer positiven geistigen Verfassung aufwachen. Visualisieren Sie dabei eine weiße Lichtkugel über Ihrem Kopf. Sie werden den nächsten Tag von weißem Licht umgeben und beschützt beginnen.

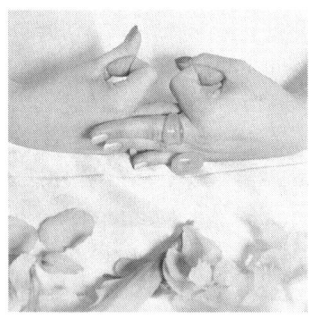

Chakras:	alle Chakras
Farben:	alle Farben
Mantra:	HARA HARE WAHE, HARA HARE WAHE (Gott ist der Schöpfer höchster Macht und Weisheit) *Wiederholen Sie es im Geiste, atmen Sie dabei in sechs Schritten ein, atmen Sie in einem langen Zug aus.*

Sitzen Sie mit gerade aufgerichtetem Rückgrat, die Ellbogen sind nach den Seiten hin angewinkelt, die Hände befinden sich ein paar Zentimeter vor dem Körper etwas über dem Bauchnabel. Die Handflächen weisen nach oben. Krümmen Sie die Daumen über die Zeigefingerspitzen, halten Sie die restlichen Finger gestreckt und lassen Sie die Finger der linken Hand auf den Fingern der rechten Hand ruhen.

Atmung: Atmen Sie in sechs kurzen Zügen ein, während Sie das Mantra im Geiste wiederholen, und atmen Sie in einem starken Zug aus. Setzen Sie das drei Minuten lang fort und dehnen Sie das Praktizieren dieser Mudra mit der Zeit auf elf Minuten aus.

Mudra für die Konfrontation mit der Angst

Die Angst hält uns vom Erreichen unserer Ziele und Verwirklichen unserer Träume ab. Manchmal zieht die Energie, die durch unsere Angst vor bestimmten Dingen oder Situationen erzeugt wird, genau diese Dinge in unser Leben hinein. Wenn wir der Angst zu viel Macht über unseren Geist einräumen, kann es passieren, dass »unsere schlimmsten Ängste wahr werden«. Wenn das der Fall ist, dann betrachten Sie das als Gelegenheit, sich Ihrer Angst zu stellen und sie zu besiegen.

Die rechte Hand steht für göttlichen Schutz, die linke Hand symbolisiert, dass Sie dieses Geschenk in Empfang nehmen. Diese Mudra hilft Ihnen bei der Minderung aller Ihrer Angstgefühle. Sie wird in vielen Kulturen angewandt und ist sehr machtvoll.

Chakras:	Solarplexus (3), Scheitel (7)
Farben:	Gelb, Violett
Mantra:	NIRBHAO NIRVAIR AKAAL MORT (furchtlos, ohne Feind, unsterblicher personifizierter Gott) *Wiederholen Sie es mit jedem Atemzug.*

Sitzen Sie mit gerade aufgerichtetem Rückgrat, winkeln Sie den linken Ellbogen an und führen Sie die Hand vor den Nabel, die Handfläche weist nach oben. Heben Sie den rechten Arm, halten Sie die Hand vor Ihre rechte Schulter, die Handfläche nach außen gewandt, Finger und Daumen sind gestreckt. Konzentrieren Sie sich auf Ihr Drittes Auge.

Atmung: lang, tief und langsam. Sehen Sie sich im Geiste geschützt, atmen Sie dieses positive Gefühl ein und atmen Sie die negative Angst aus.

Mudra für das Loslassen von Schuldgefühlen

Wir alle schleppen Schuldgefühle mit uns herum. Vielleicht haben wir uns irgendwann in der Vergangenheit egoistisch verhalten oder unsere Wut an jemandem ausgelassen. Möglicherweise haben wir das Empfinden, es im Grunde gar nicht zu verdienen, dass wir glücklich sind, Glück haben oder geliebt werden. Negative Erfahrungen in der Vergangenheit können uns daran hindern, dass wir voller Freude und Optimismus weiter auf unserem Lebensweg voranschreiten. Um ein erfülltes, gesundes und glückliches Dasein führen zu können, müssen wir uns unbedingt selbst vergeben. Das Praktizieren dieser Mudra ist ein erster Schritt zur Befreiung Ihrer Seele von der Last der Vergangenheit.

Diese Mudra stimuliert eine verjüngende Energie, die Ihren Geist reinigen hilft und ihn auf neue positive Gedanken und Möglichkeiten ausrichtet.

Chakra:	Solarplexus (3)
Farbe:	Gelb
Mantra:	ICH BIN DEIN WAHE GURU (Ich bin dein, oh göttlicher Lehrer im Innern) *Wiederholen Sie es im Geiste mit jedem Atemzug.*

Sitzen oder knien Sie mit geradem Rücken, winkeln Sie die Ellbogen zur Seite hin an und bringen Sie die Unterarme und Hände auf die Höhe zwischen Magen und Herzzentrum. Die Handflächen sind dem Himmel zugewandt, die rechte Hand ruht in der linken. Machen Sie langsame und tiefe Atemzüge. Denken Sie an die Situation, die Sie belastet, und lassen Sie das damit verbundene Schuldgefühl mit jedem Ausatmen aus sich heraus. Ersetzen Sie es nun durch eine positive Affirmation – »Ich vergebe mir« – und bitten Sie die höhere Macht, alles Unrecht, das Sie begangen haben mögen, auszulöschen.

Atmung: lang, tief und langsam. Praktizieren Sie ein paar Minuten und entspannen Sie sich dann.

Mudra für mehr Charakterstärke

Wir alle möchten starke, hingebungsvolle und loyale Freunde/Freundinnen, Lebens- und Geschäftspartner/-partnerinnen haben. Um Menschen mit diesen Eigenschaften anzuziehen, müssen wir erst diese Eigenschaften in uns selbst entwickeln. Jeden Tag sehen wir uns durch das Leben vor Prüfungen unserer Moral und unseres Charakters gestellt – Versuchungen, egoistische Motive und Charakterschwäche –, und wenn wir sie bestehen, stärkt das unseren Charakter. Bestehen wir sie aber nicht, werden wir weiterhin mit diesen Prüfungen konfrontiert. Das Praktizieren dieser Mudra wird Ihnen helfen, sich diesen Herausforderungen zu stellen, einen starken Charakter zu entwickeln und gleich gesinnte Menschen anzuziehen.

Diese Mudra verändert den Metabolismus des Geistes, führt zur Glückseligkeit von Geist und Seele und fördert die Entfaltung der persönlichen Kraft und Macht.

Chakras:	Solarplexus (3), Drittes Auge (6)
Farben:	Gelb, Indigo
Mantra:	HUMI HUM BRAHAM (Anrufung des göttlichen Selbst) *Wiederholen Sie es im Geiste mit jedem Atemzug.*

Sitzen Sie mit geradem Rücken, strecken Sie die Arme seitlich aus, bilden Sie lockere Fäuste. Daumen und Zeigefinger sind gestreckt. Heben Sie die linke Hand auf Höhe Ihres Gesichts und die rechte Hand auf eine Höhe leicht über Ihrem Gesicht. Die Hände sind einander zugewandt. Halten Sie die Augen offen und blicken Sie nach vorn.
Atmung: lang, tief und langsam. Praktizieren Sie ein paar Minuten und entspannen Sie sich dann.

Mudra für die Konzentration

Mit Ihrem Konzentrationsvermögen steigert sich Ihre Fähigkeit, Ihre Ziele zu erreichen und positive Erfahrungen und Menschen in Ihr Leben zu ziehen. Das Beherrschen und Lenken Ihrer Gedanken ist das letztliche Ziel der Konzentration und notwendig für Ihre spirituelle Weiterentwicklung. Mit einiger Übung können Sie lernen, sich zu konzentrieren.

Diese Mudra hilft Ihnen, innerlich zur Ruhe zu kommen und still zu werden, und befähigt Sie gleichzeitig, sich zu fokussieren. Heilige und Weise wandten sie an, wenn sie in den Samadhizustand oder höchsten Zustand ekstatischer Meditation gelangten.

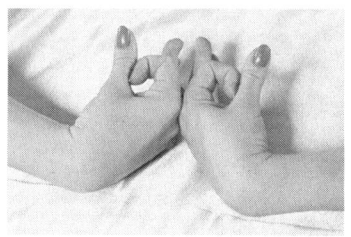

Chakras:	Solarplexus (3), Herz (4), Drittes Auge (6)
Farben:	Gelb, Grün, Indigo
Mantra:	AKAL AKAL AKAL HARI AKAAL (unsterblicher Schöpfer) *Wiederholen Sie es mit jedem Atemzug.*

Sitzen Sie in bequemer Haltung mit gerade aufgerichtetem Rückgrat. Bilden Sie mit den Daumen und Zeigefingern jeweils einen Kreis, die anderen Finger sind gestreckt und weisen nach oben. Führen Sie die Hände knapp über Ihrem Nabel zusammen, sodass sich die gestreckten Finger Rücken an Rücken berühren und zum Himmel weisen. Schließen Sie die Augen und konzentrieren Sie sich auf den Bereich des Dritten Auges.
Atmung: lang, tief und langsam. Bringen Sie Ihren Geist zur Ruhe und konzentrieren Sie sich auf eine positive Affirmation wie zum Beispiel: »*Ich bin* das ewige Licht der Welt…«

Mudra zur Überwindung von Angst und Beklemmung

Angst und Beklemmung sind eine häufige Reaktion auf die an uns gestellten Anforderungen und den Stress in unserem Leben. Durch ein regelmäßiges Praktizieren dieser Mudra können Sie Ihrer Angst Einhalt gebieten. Und Sie können auch eine plötzliche Angstattacke in nichts auflösen, wenn Sie diese Mudra ein paar Minuten lang durchführen. Sie werden sofort den Unterschied bemerken und ruhiger und zentrierter werden.

Diese Mudra übt dadurch eine beruhigende Wirkung auf Ihre Nerven aus, dass jede Hand einen Energiewirbel erzeugt, der als Ventil für Ihre Angstenergie fungiert.

Chakras:	Solarplexus (3), Herz (4)
Farben:	Gelb, Grün
Mantra:	HARKANAM SAT NAM (Gottes Name ist Wahrheit) *Wiederholen Sie es mit jedem Atemzug.*

Sitzen Sie mit gerade aufgerichtetem Rückgrat. Winkeln Sie die Ellbogen an und heben Sie die Arme, sodass die Oberarme seitwärts ausgestreckt sind und eine parallele Linie zum Boden bilden. Halten Sie die Hände auf Höhe der Ohren, spreizen Sie die gen Himmel gestreckten Finger. Drehen Sie die Hände aus den Handgelenken heraus hin und her. Setzen Sie das ein paar Minuten lang fort und entspannen Sie sich dann.
Atmung: lang, tief und langsam.

Mudra zur Überwindung von Ärger und Zorn und Verhinderung von Kopfschmerzen

Wir alle haben das Recht, uns ab und zu aufzuregen und aus der Fassung zu geraten, aber ein Nähren negativer Gefühle ist weder produktiv noch gesund. Das Praktizieren dieser Mudra hilft Ihnen, über Ihren Ärger und Zorn hinwegzukommen und herauszufinden, wie Sie diese Emotionen angemessen zum Ausdruck bringen können. Ihre sofortige und kraftvolle Wirkung unterstützt Sie darin, dass Sie Ihren Groll in positive Kanäle leiten und zu positiven Resultaten oder Entschlüssen gelangen können.

Diese Mudra stellt ein emotionales Gleichgewicht her. Die durch Ihre Daumen stimulierten Druckpunkte lassen den Ärger und Zorn aus Ihnen heraus und haben eine sofortige beruhigende Wirkung.

Chakras:	alle Chakras
Farben:	alle Farben
Mantra:	GOTT UND ICH, ICH UND GOTT SIND EINS *Wiederholen Sie es mit jedem Atemzug.*

Sitzen Sie mit gerade aufgerichtetem Rückgrat in bequemer Haltung. Heben Sie die Hände auf Stirnhöhe. Bilden Sie Fäuste, die Hände sind nach außen gewandt, die gestreckten Daumen weisen aufeinander zu. Drücken Sie mit den Daumen auf die Stelle auf Ihren Brauen zwischen Augen und Nasenwurzel und richten Sie den Blick auf Ihre Nasenspitze.
Atmung: lang, tief und langsam. Praktizieren Sie drei Minuten lang und entspannen Sie sich dann.

Mudra für Geistesschärfe

Diese Mudra unterstützt Ihre Entschlusskraft, vor allem, wenn Sie sich vor lebensverändernde Entscheidungen gestellt sehen. Wenn Sie diese Mudra drei Mal am Tag drei Minuten lang praktizieren, werden Sie binnen einer Woche Resultate erhalten.

Diese Mudra gleicht den Zentralbereich des Gehirns aus und verleiht Ihnen Geistesschärfe. Die Bewegung der Finger stimuliert und massiert den Meridian, der sich auf Ihre Geduld, emotionale Kontrolle, den Solarplexus, die Nerven und Ihre Vitalität auswirkt.

Chakras:	Kehle (5), Drittes Auge (6)
Farben:	Blau, Indigo
Mantra:	HARA HARE HARI (Der Schöpfer in Aktion) *Wiederholen Sie es im Geiste mit jedem Atemzug.*

Sitzen Sie mit geradem Rücken. Halten Sie die linke Hand hoch, so als wollten Sie in die Hände klatschen. Wandern Sie dann mit dem Zeige- und Mittelfinger der rechten Hand langsam und starken Druck ausübend die Mitte der linken Handfläche hinauf bis hoch zu den Fingerspitzen des Mittel- und Ringfingers. Die Finger der linken Hand sollten unter dem Druck nachgeben. Lassen Sie die Finger ein paar Mal hinauf- und hinunterwandern. Konzentrieren Sie sich dabei auf deren Bewegung.
Atmung: lang, tief und langsam.

Mudra für Geduld

Geduld ist eine Tugend, die jeder Mensch entwickeln *kann*. Sie ist ein wichtiger Bestandteil für ein glücklicheres und gesünderes Leben. Denken Sie daran: Was immer Sie auch tun und nachdem Sie Ihr Bestes gegeben haben, entspannen Sie sich und üben Sie sich in Geduld. Sagen Sie sich – auch wenn es keinen Sinn zu ergeben scheint –, dass alles zur rechten Zeit geschieht, und Sie werden dazu beitragen, dass es auch so ist.

Diese Mudra hilft Ihnen, Ihre Frustration umzuwandeln und geduldiger und toleranter zu werden. Ihre Hände aktivieren elektrische Energieströme, die Ihren Nerven heilende Energie zuführen, wodurch Sie beruhigt werden und zur Geduld gelangen können.

Chakras:	Drittes Auge (6), Scheitel (7)
Farben:	Indigo, Violett
Mantra:	EK ONG KAR SAT GURU PRASAAD (ein Schöpfer, durch Gottes Gnade erleuchtet) *Wiederholen Sie es mit jedem Atemzug.*

Sitzen Sie mit geradem Rücken. Bilden Sie mit den Spitzen der Daumen und Mittelfinger jeweils einen Kreis, halten Sie die anderen Finger gestreckt. Die Oberarme bilden eine Parallellinie zum Boden, die Ellbogen sind zu beiden Seiten hin angewinkelt. Ihre Hände befinden sich auf Höhe der Ohren, die Finger weisen zum Himmel hin, die Handflächen sind nach außen gewandt.
Atmung: lang, tief und langsam. Führen Sie das ein paar Minuten lang durch und beobachten Sie, wie Sie mit jedem Atemzug ruhiger und geduldiger werden.

> **Mudra für Selbstvertrauen und das Gefühl innerer Sicherheit**

Jeder Tag stellt unser Selbstvertrauen aufs Neue auf den Prüfstand. Wenn Sie sich in dieser großen Welt allein und verloren fühlen und von Zweifeln überwältigt werden, wird diese Mudra Ihr Selbstvertrauen wieder herstellen und Ihr Gefühl von innerer Sicherheit stärken. Denken Sie daran: Sie sind nie allein.

Diese Mudra wirkt in positiver und stärkender Weise auf den Gehirnbereich ein, der Ihr Sicherheitsgefühl beeinflusst.

Chakras:	Solarplexus (3), Herz (4)
Farben:	Gelb, Grün
Mantra:	AD SHAKTI AD SHAKTI (Ich verbeuge mich vor der Macht des Schöpfers) *Wiederholen Sie es mit jedem Atemzug.*

Sitzen Sie mit gerade aufgerichtetem Rückgrat, führen Sie Ihre Hände zu einer umgekehrten Gebetshaltung zusammen, sodass die Handrücken sich berühren. Halten Sie die Hände vor Ihr Herz. Stellen Sie sich vor, dass sich die Energie im Innern vom Steißbein aus bis zum Scheitelpunkt hinauf bewegt. Bleiben Sie eineinhalb Minuten in dieser Haltung. Wechseln Sie dann zur Gebetshaltung, drücken Sie die Handflächen aneinander, die Daumen berühren die Brust. Behalten Sie diese Haltung eineinhalb Minuten bei. Wiederholen Sie den ganzen Vorgang so lange, bis Sie sich ruhig fühlen.
Atmung: lang, tief und langsam.

| **Mudra zur Geistesberuhigung** | Ein beruhigter Geist ermöglicht Ihnen das Sammeln und Fokussieren Ihrer Gedanken, was Ihre Fähigkeit, erfolgreich zu sein, enorm steigert. Je ruhiger Ihr Geist |

ist, desto stärker nehmen Sie die Unruhe der anderen wahr, und umso schneller können Sie Ihre Ziele erreichen.

Diese Mudra stimuliert Ihr Gehirn auf eine Ihre mentale Aktivität beruhigende Weise und hilft Ihnen, gesammelt und fokussiert zu bleiben.

Chakras:	Solarplexus (3), Herz (4), Drittes Auge (6)
Farben:	Gelb, Grün, Indigo
Mantra:	AKAL HARE HARI AKAL (Gott ist in seiner Schöpfung unsterblich) *Wiederholen Sie es im Geiste mit jedem Atemzug.*

Sitzen Sie mit geradem Rücken, heben Sie die Arme waagrecht gekreuzt vor Ihre Brust, die Ellbogen bilden einen Winkel von 90 Grad, die Arme eine parallele Linie zum Boden. Legen Sie die rechte Handfläche auf den linken Arm und führen Sie den linken Handrücken unter den rechten Arm. Die gestreckten Finger liegen aneinander. Konzentrieren Sie sich und behalten Sie diese Mudra ein paar Minuten bei, entspannen Sie sich dann.
Atmung: lang, tief und langsam.

Mudra zur Unterstützung des Elterndaseins

Kinder machen es erforderlich, dass wir ihnen ständig unsere Aufmerksamkeit widmen, sie anleiten und geduldig und weise sind. Nicht selten haben Eltern das Gefühl, von der Last der Verantwortung erdrückt zu werden und keine Zeit mehr für sich selbst zu haben. Es ist ganz wichtig, dass Sie, wenn Sie mal ein paar Augenblicke von all dem wegkommen können, diese Zeit gut nutzen, um sich wieder aufzuladen. Diese Mudra kann auch zwischendurch praktiziert werden, wenn Sie gerade ein paar Minuten übrig haben. Sie wird für Ihre Fähigkeit, sich um Ihre Kinder zu kümmern und sie zu hegen und zu pflegen, Wunder wirken.

Diese Mudra hilft Ihnen, den Anforderungen, die das Elterndasein an Sie stellt, auf allen Ebenen gerecht zu werden.

Chakras:	alle Chakras
Farben:	alle Farben
Mantra:	AAD SUTSCH DSCHUGAAD SUTSCH
	HAI BHI SUTSCH NANAK HOSI BHI SUTSCH
	(Wahr am Anfang, wahr zu allen Zeiten,
	wahr in der Gegenwart, wahr soll es immer sein)
	Wiederholen Sie es im Geiste mit jedem Atemzug.

Sitzen Sie mit gerade aufgerichtetem Rückgrat. Bilden Sie mit den Daumen- und Zeigefingerspitzen jeweils einen Kreis. Die anderen Finger sind leicht entspannt und etwas nach außen gestreckt, die Hände ruhen auf den Knien. Konzentrieren Sie sich auf das Scheitelchakra.
Atmung: lang, tief und langsam. Praktizieren Sie drei Minuten und entspannen Sie sich dann.

Mudra zur Beseitigung von Not und Bedrängnis

Herausforderungen sind ein unvermeidlicher Bestandteil des Lebens. Fassen Sie den Vorsatz, sie nicht mehr im negativen Licht des Ringens ums Dasein anzusehen, sondern als perfekt geplante Gelegenheiten, die Ihnen die spirituelle Weiterentwicklung ermöglichen. Wenn Sie das Gefühl haben, von einer Pechsträhne verfolgt zu werden und in einem Muster von Pessimismus, Not und Bedrängnis gefangen zu sein, dann erzeugen Sie vielleicht eine Energie, die derartige Situationen in noch größerem Umfang anzieht. Mit Hilfe dieser Mudra können Sie Ihre Denkmuster und Gehirnwellen auf einer positiven Frequenz halten und positive Energien und Menschen anziehen. Not, Bedrängnis und Leiden können durch Kraft und Stärke ersetzt werden, aber es ist Ihre Entscheidung, wie Ihre Denkstrukturen und geistige Verfassung aussehen sollen. Ein regelmäßiges Praktizieren dieser Mudra wird Ihr Leben verändern.

Diese Mudra wirkt sich auf den zentralen Energiekanal Ihres Körpers aus und erzeugt eine Schwingung, die das Gefühl von Not und Bedrängnis beseitigt und den Weg für positive Energie frei macht.

Chakras:	Drittes Auge (6), Scheitel (7)
Farben:	Indigo, Violett
Mantra:	HARA HARE GOBINDAY HARA HARE MUKUNDAY (Er ist der, der mich erhält, er ist der, der mich befreit) *Wiederholen Sie es mit jedem Atemzug.*

Sitzen Sie mit geradem Rücken, ballen Sie die Hände zu Fäusten, die Daumen bleiben außen. Beginnen Sie nun mit einer ausladenden und schwungvollen Pendelbewegung der Arme, erst bewegen sie sich nach vorne und nach oben, dann nach unten und nach hinten.
Atmung: lang, tief und langsam. Setzen Sie das ein paar Minuten lang fort. Entspannen Sie sich dann und bleiben Sie still sitzen.

| **Mudra für Effizienz** | Wie viele Male steckten Sie in einer schwierigen Situation und fühlten sich einfach nicht genügend auf Draht und konzentriert, um mit ihr richtig umgehen zu können? |

Wenn Sie diese Mudra auch nur ein paar Minuten vor einem Treffen, einem Examen oder einer Auseinandersetzung praktizieren, wird Sie das zu einem bestmöglichen Umgang mit der Situation befähigen.

Diese Mudra wirkt sich auf alle elektrischen Energieströme in Ihrem Körper aus, bringt das ganze Nerven- und Drüsensystem ins Gleichgewicht und verleiht Ihnen messerscharfe Effizienz.

Chakras:	Herz (4), Drittes Auge (6)
Farben:	Grün, Indigo
Mantra:	ATMA PARMATMA GURU HARI (Seele, Höchste Seele, der Lehrer in seiner höchsten Macht und Weisheit) *Wiederholen Sie es im Geiste mit jedem Atemzug.*

Sitzen Sie mit gerade aufgerichtetem Rückgrat. Winkeln Sie die Ellbogen an und heben Sie die Hände, Handflächen der Brust zugewandt, sodass sie sich auf Herzhöhe, ein paar Zentimeter vor dem Körper, berühren und überlagern. Die Finger sind gestreckt. Die Handfläche der rechten Hand überlagert den linken Handrücken. Drücken Sie die Daumenspitzen aneinander und halten Sie Hände und Unterarme in einer parallelen Linie zum Boden.

Atmung: Atmen Sie tief und langsam ein, halten Sie den Atem zehn Sekunden an und atmen Sie dann zehn Sekunden lang aus. Warten Sie mit dem neuerlichen Einatmen zehn Sekunden. Setzen Sie das ein paar Minuten lang fort und entspannen Sie sich dann.

Mudra für die Geistesstille

Ein stiller ruhiger Ozean oder ein stilles ruhiges Meer... so lässt sich der Zustand beschreiben, in dem sich unser Geist befinden sollte. Es mag bei täglichem Praktizieren eine ganze Woche dauern, bis diese Mudra Ihnen hilft, ein ruhigeres und friedlicheres Leben zu führen, aber sie funktioniert.

Diese uralte Mudra hat Buddha seinen Schülern zur Erfreuung und Beruhigung des Geistes übermittelt. Sie unterbricht den Strom aufgewühlter und obsessiver Gedankenenergie und ersetzt ihn durch eine beruhigende, hilfreiche Schwingung.

Chakras:	Solarplexus (3), Herz (4), Kehle (5), Drittes Auge (6)
Farben:	Gelb, Grün, Blau, Indigo
Mantra:	MAN HARA TAN HARA GURU HARA
	(Geist bei Gott, Seele bei Gott, der göttlichen Führung und seiner höchsten Weisheit)
	Wiederholen Sie es im Geiste mit jedem Atemzug.

Sitzen Sie mit gerade aufgerichtetem Rückgrat, winkeln Sie die Ellbogen an und führen Sie die Hände auf Nabelhöhe. Krümmen Sie die Zeigefinger zur Handfläche hin und drücken Sie sie Rücken an Rücken an ihrem zweiten Fingerglied aneinander. Strecken Sie die Mittelfinger aus, sodass sie sich mit den Kuppen berühren und von Ihrem Körper wegweisen. Krümmen Sie die anderen Finger zur Handfläche hin und bringen Sie die Daumenspitzen zusammen, sodass sie auf Ihren Körper weisen. Halten Sie die Hände ein paar Zentimeter von Ihrem Körper weg, Hände und Ellbogen befinden sich dabei auf gleicher Ebene.
Atmung: lang, tief und langsam. Setzen Sie das ein paar Minuten lang konzentriert fort.

Mudra zur Verringerung von Sorgen

Wir machen uns alle Sorgen über irgendetwas. Manchmal machen wir uns aus reiner Gewohnheit Sorgen, aber manchmal haben wir es auch mit wirklich schwierigen Problemen und Herausforderungen zu tun. Ganz egal, wie groß oder klein Ihre Probleme sind, mit Hilfe dieser Mudra können Sie sie aus einer besseren Perspektive betrachten und Ihr Leben in die Hand nehmen.

Diese Mudra wird Ihre Sorgen verringern.

Chakras: Herz (4), Kehle (5), Drittes Auge (6)
Farben: Grün, Blau, Indigo

Sitzen Sie mit geradem Rücken und führen Sie die Hände vor Ihrer Brust zusammen, die Handflächen weisen nach oben. Die Außenseiten der kleinen Finger und die Handkanten berühren sich. Die Mittelfinger befinden sich in einer Senkrechten zu den Handflächen und berühren sich an den Spitzen. Die anderen Finger sind gestreckt, die Daumen weisen von den Handflächen weg. Die Hände berühren nicht den Körper.
Atmung: Atmen Sie in langen, tiefen und langsamen Atemzügen ein. Setzen Sie das ein paar Minuten fort und entspannen Sie sich dann.

Mudra zur Beseitigung von Depression

Wenn alles um Sie herum düster und schwarz erscheint, werden sich, wenn Sie es schaffen, diese Mudra elf Minuten lang zu praktizieren, Ihre Bedrücktheit und Niedergeschlagenheit mindern. Praktizieren Sie sie eine Woche lang einmal am Tag, und Sie werden den Unterschied spüren. (Suchen Sie Ihren Arzt auf, falls Ihre Depression schon zwei Wochen lang andauern sollte.)

> *Die Kraft dieser Mudra hilft auch die schwerste Depression zu kurieren. Die Haltung der Arme, Hände und Finger schickt heilende und positive Schwingungen in Ihr Gehirnzentrum, was sich auf die Arbeit der Drüsen auswirkt und Ihnen so bei der Beseitigung des depressiven Zustands helfen wird. Sie müssen jedes Mal mindestens elf Minuten lang praktizieren.*

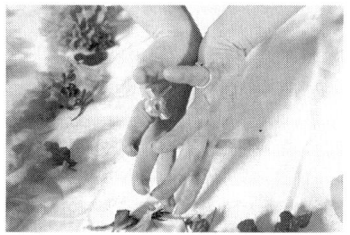

Chakras:	Herz (4), Kehle (5), Drittes Auge (6)
Farben:	Grün, Blau, Indigo
Mantra:	HARI NAM SAT NAM SAT NAM HARI NAM (Gott ist in seiner Schöpfung Wahrheit) *Wiederholen Sie es im Geiste mit jedem Atemzug.*

Sitzen Sie mit gerade aufgerichtetem Rückgrat. Strecken Sie die Arme vor sich aus, sodass sich die Hände auf Herzhöhe befinden. Legen Sie die Handrücken aneinander, die Finger weisen vom Körper weg. Dabei sollen sich so viele Fingerknöchel und -gelenke wie möglich berühren. Die Unterarme bilden eine möglichst parallele Linie zum Boden, die Daumen weisen zum Boden. Diese Mudra ruft in den Handrücken eine Menge Spannung hervor. Lassen Sie aber nicht zu, dass sich Ihre Muskeln oder Sehnen überdehnen.
Atmung: lang, tief und langsam. Setzen Sie das mindestens elf Minuten lang fort und spüren Sie, wie sich Ihre Depression mit jedem Ausatmen verringert, bis sie ganz verschwunden ist.

Mudra für Selbstvertrauen

Wenn sich Ihre Lebenswünsche erfüllen sollen, müssen Körper, Geist und Seele in positiver Verfassung sein. Das tägliche Praktizieren dieser Mudra wird Ihr Leben verändern und Sie so viel Selbstvertrauen entwickeln lassen, dass Sie andere inspirieren.

Die Kraft dieser Mudra reguliert die Energie der Wahrnehmungszentren im Gehirn und stärkt Sie in Ihrer Ausstrahlung von positiver Energie. Sie verhindert auch selbstzerstörerische Gedanken und Handlungen.

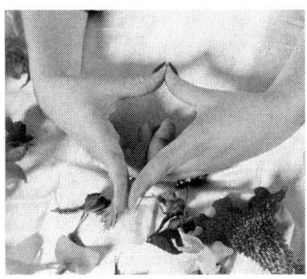

Chakras:	Solarplexus (3), Drittes Auge (6)
Farben:	Gelb, Indigo
Mantra:	EK ONG KAR SAT GURU PRASAD SAT GURU PRASAD EK ONG KAR (Der Schöpfer, er vertreibt die Dunkelheit und erleuchtet uns durch seine Gnade) *Wiederholen Sie es im Geiste mit jedem Atemzug.*

Sitzen Sie mit gerade aufgerichtetem Rückgrat in bequemer Haltung. Heben Sie die Hände auf die Ebene zwischen Magen und Herz, die Ellbogen sind weg vom Körper angewinkelt. Krümmen Sie die letzten drei Finger beider Hände nach innen und führen Sie sie an ihren mittleren Fingergelenken zusammen. Strecken Sie die Zeigefinger nach außen, sodass sie vom Körper weg weisen, und bringen Sie sie an den Fingerkuppen zusammen. Die Daumen berühren sich von ihrem oberen Gelenk bis zur Spitze, sind so weit wie möglich nach hinten gebogen und berühren Ihren Körper am Solarplexus.
Atmung: lang, tief und langsam. Setzen Sie das ein paar Minuten lang fort und entspannen Sie sich dann.

Mudra für die rechte Rede

Die rechte oder untadelige Rede gehört als eines der Glieder des Edlen Achtfachen Pfads zu den Tugenden, die Buddha als für den spirituellen Weg unerlässlich lehrte. Die klare Verständigung ist für unser Überleben absolut notwendig. »Denk nach, bevor du etwas sagst« ist ein guter Rat, aber manchmal werden wir in einer impulsiven Reaktion zu Antworten und Aussagen getrieben, die uns selbst und anderen Schaden zufügen. Diese Mudra ist Ihr Schlüssel zu besserer Rede und emotionaler Beherrschtheit. Sie wird Ihnen helfen zu sagen, was Sie wollen, damit Sie bekommen können, was Sie wollen.

> *Diese Mudra führt dazu, dass das, was Sie sagen, mit Ihren wahren Absichten in Einklang steht. Sie wird auch dazu beitragen, dass Sie nicht Dinge sagen, die Sie gar nicht meinen.*

Sitzen Sie mit gerade aufgerichtetem Rückgrat. Entspannen Sie die Arme, die Ellbogen bleiben am Körper, und führen Sie die Hände vor Ihren Magen, die Handflächen sind offen, flach und nach oben gewandt. Spreizen Sie sacht die Finger und führen Sie die Spitzen der Ringfinger zusammen. Der rechte kleine Finger befindet sich unter dem linken kleinen Finger. Richten Sie nun Ihre Konzentration auf die Daumen und Zeigefinger und spannen Sie sie an, ohne sie zu be-

Chakras:	Solarplexus (3), Kehle (5)
Farben:	Gelb, Blau
Mantra:	HARA DHAM HARA HARA (Gott ist der Schöpfer) *Wiederholen Sie es im Geiste mit jedem Atemzug.*

wegen. Halten Sie die Spannung ein paar Sekunden und entspannen Sie sie dann. Spannen Sie nun die Daumen und Mittelfinger an, wiederum ohne sie zu bewegen. Halten Sie die Spannung ein paar Sekunden und entspannen Sie sie dann. Spannen Sie als Nächstes die Daumen und Ringfinger an. Halten Sie die Spannung und entspannen Sie sie dann. Spannen Sie als Letztes die Daumen und kleinen Finger an, halten Sie die Spannung ein paar Sekunden und entspannen Sie sie dann. Wiederholen Sie den ganzen Vorgang, wobei sich aber nun der linke kleine Finger unter dem rechten kleinen Finger befindet. Entspannen Sie sich anschließend.
Atmung: lang, tief und langsam.

Mudra zur Auflösung von unterbewussten Blockaden

Wir beherbergen in unserem Unterbewusstsein die Erinnerung an positive und negative Erfahrungen und deren Auswirkungen. Die Energie dieser negativen Erinnerungen kann uns an der Verwirklichung unseres wahren Potenzials hindern. Sie können diesen unterbewussten Erinnerungsspeicher öffnen und mit dieser Mudra von Energieblockaden befreien, was Raum für den Fluss von positiver und machtvoller neuer Energie schafft. Dann können Sie Ihre Gedanken und Handlungen in eine neue Richtung lenken und sie auf die Erfüllung Ihrer Lebensmission konzentrieren.

Diese Mudra hilft beim Prozess der Selbsteinschätzung und Transformierung dadurch, dass über die Daumen und Finger eine Stimulierung der Punkte des Dritten Auges stattfindet.

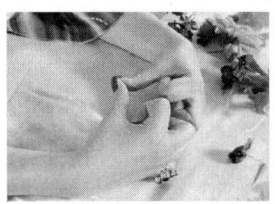

Chakras:	Drittes Auge (6), Scheitel (7)
Farben:	Indigo, Violett
Mantra:	ONG NAMO GURU DEV NAMO (Ich verbeuge mich vor der Unendlichkeit des Schöpfers, ich rufe das grenzenlose schöpferische Bewusstsein und die göttliche Weisheit an) *Wiederholen Sie es im Geiste mit jedem Atemzug.*

Sitzen Sie mit gerade aufgerichtetem Rückgrat. Entspannen Sie die Arme und heben Sie sie, die Ellbogen angewinkelt, so hoch, dass sich Ihre Hände vor Ihrem Magen befinden. Krümmen Sie die Finger, sodass die Fingerkuppen die kleinen Hügel unterhalb der Fingerwurzeln berühren. Die Daumenspitzen liegen aneinander und die mittleren Gelenke der Mittelfinger berühren sich. Die anderen Finger berühren sich nicht. Richten Sie die Daumenspitzen auf das Herzzentrum.
Atmung: lang, tief und langsam. Konzentrieren Sie sich auf das Wärmegefühl zwischen den Daumen. Setzen Sie das ein paar Minuten lang fort und entspannen Sie sich dann.

Mudra für Mitgefühl

Jede und jeder von uns wird in andere Umstände und in ein anderes Umfeld hineingeboren. Manche Menschen scheinen glücklicher dran zu sein als andere, und deshalb dürfen wir nie vergessen, dankbar für das zu sein, was uns beschert ist, und Mitgefühl mit jenen zu haben, denen es weniger gut ergeht. Wir können uns nie wirklich in die Situation eines anderen hineinversetzen, solange wir nicht Ähnliches durchlebt haben. Das Praktizieren von Vorurteilslosigkeit und tiefem Mitgefühl ist entscheidend dafür, dass wir Fortschritte auf dem spirituellen Weg machen und gute Energie ins Universum aussenden.

Diese Mudra spricht das Herzchakra, das Zentrum des Mitgefühls, und die heilende Energie der Hände an. Sie verstärkt die Blutzirkulation im Gehirn, klärt und läutert den Geist und verbessert die Konzentrationsfähigkeit.

Chakra:	Herz (4)
Farbe:	Grün
Mantra:	AKAL AKAL SIRI AKAL (Zeitlos ist der, der vollkommene Erleuchtung erlangt) *Wiederholen Sie es im Geiste mit jedem Atemzug.*

Sitzen Sie mit gerade aufgerichtetem Rückgrat. Strecken Sie die Arme seitwärts, parallel zum Boden, aus, die Handflächen nach vorne gewandt. Spreizen Sie die Finger und halten Sie sie ruhig. Drehen Sie den Kopf nach rechts und wieder zur Mitte, machen Sie das vier Mal, drehen Sie dann den Kopf nach links und wieder zur Mitte, ebenfalls vier Mal. Wiederholen Sie das ein paar Minuten lang und konzentrieren Sie sich dabei auf Ihr Herzchakra. Seien Sie sich der Energie in Ihren Händen gewahr.
Atmung: Atmen Sie, wenn Sie den Kopf nach rechts drehen, einmal in einem langen Atemzug ein, atmen Sie in einem langen Zug aus, wenn Sie den Kopf wieder zur Mitte drehen. Dasselbe gilt für die Drehung nach links. Entspannen Sie sich dann und bleiben Sie ein paar Minuten still sitzen.

Über die Autorin

Sabrina Mesko begann im Alter von drei Jahren mit ihrer Ballettausbildung und wurde im Teenageralter in eine professionelle Balletttruppe aufgenommen. Während sie sich von einer Rückenverletzung erholte, entdeckte sie ihre Leidenschaft für Yoga. Diese Praxis wurde ihr zur täglichen Routine, eine Disziplin, die sie sich während ihrer ganzen Karriere bewahrte und den Rest ihres Lebens beibehalten wird.
Während sie als Broadway-Tänzerin durch die ganze Welt tourte, bekam sie zwei Hauptrollen in europäischen Fernsehproduktionen und begann auch zu singen und Musik zu komponieren.
In New York begegnete sie zum ersten Mal einem indischen Yogameister, Guru Maya. Ihr Verlangen, Spiritualität mittels Musik zum Ausdruck zu bringen, führte sie bald nach Los Angeles. Während sie dort im Studio ihre eigenen Kompositionen aufnahm, begann sie ein intensives Studium verschiedener spiritueller Yogalehren und -meditationstechniken, schloss ein vierjähriges Studium bei dem weltbekannten Meister Paramahansa Yogananda ab und erlernte Kriya Yoga.
Zudem beendete sie auch glanzvoll ein Studium am international renommierten Yoga College of India und erhielt die staatliche Zulassung als Yogatherapeutin. Im Anschluss studierte sie heilende Atemtechniken bei Meister Sri Sri Ravi Shankar. Am American Institute for Holistic Theology erwarb sie sich den Bakkalaureusgrad in »Sensory Approaches to Healing«, den Magistergrad in »Holistic

Science« und den Doktorgrad in »Ancient and Modern Approaches to Healing«.

Sie fühlte sich zur Entwicklung eines eigenen Yogaprogramms gedrängt und sah, wie sich im Verlauf ihres Privatunterrichts bei ihren Schülerinnen und Schülern eine eindrucksvolle Transformation vollzog. Die heilsamen Auswirkungen ihres Trainings ließen sie in einen Zustand von innerer Ruhe, Selbstvertrauen und Freude gelangen.

Fasziniert von ihrem Studium der machtvollen Mudras, suchte sie Yogi Bhajan auf, den einzigen Meister des Weißen Tantrischen Yoga auf der Welt. Yogi Bhajan, der ihre Mission erkannte, vertraute Sabrina die heiligen Mudratechniken an und übertrug ihr die Verantwortung für die weltweite Verbreitung dieses uralten und machtvollen Wissens.

Als Doktorin der Gesundheitstheologie widmet sie sich ihrer Heilarbeit durch den Einsatz der Kraft von Musik und Tanz. Und sie bringt ihre ganze Erfahrung und ihr ganzes Wissen beim Aufbau von Projekten ein, die dem Planeten Liebe, Friede und Erleuchtung bringen sollen.

GANZHEITLICH HEILEN
GOLDMANN

Wohlbefinden für Körper, Geist & Seele

Patrick Holford
Optimale Ernährung 14174

Gisela Finke,
Pflanzen für die Seele 14169

Ruediger Dahlke,
Bewusst fasten 13900

Margret Madejsky,
Alchemilla 14191

Goldmann • Der Taschenbuch-Verlag

ARKANA GOLDMANN

Osho – Meditation & Energie

Meditation   21521

Emotionen   21560

Tantra   21520

Mann und Frau   13280

Goldmann • Der Taschenbuch-Verlag

GOLDMANN

*Das Gesamtverzeichnis aller lieferbaren Titel erhalten Sie
im Buchhandel oder direkt beim Verlag.
Nähere Informationen über unser Programm erhalten Sie auch im Internet unter:*
www.goldmann-verlag.de

★

Taschenbuch-Bestseller zu Taschenbuchpreisen
– Monat für Monat interessante und fesselnde Titel –

★

Literatur deutschsprachiger und internationaler Autoren

★

Unterhaltung, Kriminalromane, Thriller
und Historische Romane

★

Aktuelle Sachbücher, Ratgeber, Handbücher und
Nachschlagewerke

★

Bücher zu Politik, Gesellschaft, Naturwissenschaft und Umwelt

★

Das Neueste aus den Bereichen
Esoterik, Persönliches Wachstum und Ganzheitliches Heilen

★

Klassiker mit Anmerkungen, Anthologien und Lesebücher

★

Kalender und Popbiographien

★

Die ganze Welt des Taschenbuchs

★

Goldmann Verlag • Neumarkter Str. 18 • 81673 München

Bitte senden Sie mir das neue kostenlose Gesamtverzeichnis

Name: _____

Straße: _____

PLZ / Ort: _____